心安的練習

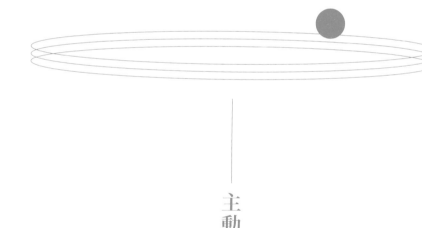

主動脈

一位麻醉醫師的人間修行

推薦序

奇幻的擺渡旅程

台大醫院麻醉部疼痛科主任
台灣疼痛醫學會理事長
林至芃

認識「楊醫師」很久了，久到都想不起來是怎樣的場合了，大概就是在某個麻醉醫學會的超音波教學活動裡，認識這個在東部最大醫學中心（不是小醫院喔）有點帥又有點臭屁的麻醉醫師。

麻醉醫師在整個醫學的光譜裡，是個特殊的存在。我們都善於用毒藥，行雲流水的用著這些毒藥，讓你即使被開腸剖肚都無法反抗，當然也記不得這驚恐的瞬間，然後神乎其技地再把你拉回人間。

我們也有特權，可以合法且恰如其分地使用鴉片類藥物，處理手術中與手術後的疼痛。然而鴉片只能減輕疼痛，無法讓疼痛消失，還往往會讓沒接觸過鴉片類藥物的病人吐個七葷八素。大概二〇〇七還是二〇〇八年從台大醫院開始，我們開始執行也推廣神經阻斷處置，像變魔術般的，手斷掉就麻醉一隻手、腿斷掉就止痛一條腿。剛開始會做的人不太多，江湖也就這麼小，傳說中東部做最好的就是楊醫師了。我們總在不同的學會場合分享著神經阻斷的技巧與經驗，這些年也聽說了楊醫師就像帶著神奇魔法杖的魔術師，走出開刀房到急診去，把疼痛變不見，即時的解除病人的痛苦，這樣真的很棒！

認識「主動脈」也很久了，但我很清楚記得怎麼認識的。一開始是看到網路上流傳的主動脈的臉書文章，除了深深地被他的文字感動外，還忍不住想肉搜他，這個做疼痛的麻醉醫師到底是誰？而當時，二〇一一年九月，我正在美國進修疼痛醫學，而他也正好在日本京都進修疼痛醫學，我們總在臉書上有一搭沒一搭的閒聊，抱怨那個年頭疼痛醫師的困境：薪水很低，在麻醉科裡是不受重視的次專科。

其實做疼痛的人在台灣的麻醉科裡是一種格格不入的存在，會選擇麻醉科的人多半不太想與病人建立太長期的關係，也很不喜歡聽病人說話或對病人講太多話，最好是刀開完恢復室觀察完，不要太痛，不要吐太兇，趕快回去病房，兩不相欠。

做疼痛的人卻恰恰相反，癌症疼痛椎心刺骨，而疼痛醫師總用最極端的方式切斷神經，或把嗎啡直接打到中樞神經系統裡來止痛。若說癌症疼痛是有期徒刑，那頑固的慢性疼痛就是無期徒刑了，苦痛綿延無絕期！除了想盡一切辦法使用止痛藥物，幫病人做神經阻斷、神經調控等介入性疼痛治療，嘗試緩解無窮盡的疼痛外，很重要的是：我們聆聽，我們陪伴，我們愛講話。

用心聆聽躲在悽慘的疼痛病患背後的生命故事，陪伴癌末病患不要那麼痛的走生命終段，若是慢性疼痛病患，那陪伴的時間就更久了，常常久到天荒地老，很多時候我們給疼痛病患的治療其實並不能緩解他們的苦痛，但他們還是會回來門診。不禁好奇問病患：

「治療都沒效，為什麼還是回來看？」

「因為你會聽我講話，也會對我好好講話。」

原來，最高明的疼痛治療是「話療」！

因為承接了太多苦需要釋放，疼痛醫師的生活需要有些宣洩，也就會看起來多采多姿，有人滑雪，有人潛水，有人跳傘，有人瘋三鐵。我總在主動脈的社群媒體上看到他上山下海、攝影、賞鯨、秀美食美女，很入世啊！當這些都沒辦法紓發時，那就喝一杯吧！

但是，近期的他不太一樣，有次我到花蓮演講找他喝一杯也吐吐苦水，他說他不再喝酒了，因為他皈依了，連跟佛祖請假都不行。定神一看，我才發現，是耶！現在的他法像莊嚴，眉宇間透露出修行的氣息。

身為他的忠實讀者兼多年好友，能早一步看到主動脈又一嘔心瀝血新作並幫他寫推薦序，也是一種因緣。

又一次，我們看到一個有血有肉有笑有淚的麻醉疼痛醫師，記錄著一個又一個令人動容的生命故事。

而這一次，我們還看到了主動脈在行醫中修行也在修行中行醫的奇幻旅程，還有很多對佛法的領悟，彷彿我們跟他一起修行。

至於主動脈究竟會不會什麼時候會出家呢？一如他說的，作為一位麻醫，入世就幫病人擺渡；假若能出世，就幫眾生擺渡。作為一位修行者，沒有過去，沒有未來，只有當下即是。在這個既出世也入世的當下。

推薦序

多情總是多受苦

南部小城外科醫師
林沛宇

會與主動脈成為一生的摯友，緣於大學時代一同參加社團活動所建立的情誼與信賴。猶記得千禧跨年時我們五個不同科系的社團好友相約於圖書館前私許的「聖域」共謀酒狂一醉，那時候大約是我們這幾屆畢業離開校園或是進入臨床實習的轉換之際，「舉杯敬天，撒酒祭地，我們由此出發！」

一晃眼二十多年過去，當年兄弟互道遠志的豪語狂言早已不復記憶，但肯定的，最保有真性情，最恣意妄為，最沒被體制收編而悠遊自適者，當屬主動脈。

然而，多情總要多受苦，癡愛貪美總得承擔失落與逝去。依此觸探生命的深度，主動脈由慷慨大度的友朋、迷人但糟糕的情人、專業而精進的醫師一直到持戒念佛的修行者，由奇男子到善男子，有著精彩對話與動人故事的「痳醫三部曲」當中，以情悟道的歷程該有可親可歎之處。

主動脈除了是人體裡「靈魂所在的地方」，其解剖學上的特異之處在於主動脈弓幾近一百八十度的髮夾彎構造，新近的研究認為或與動脈系統共振機制有關，可能為了增大血壓脈波的振幅而有此轉彎與共鳴的區域。因此主動脈含有探究人性本質與生命轉彎的多層次寓意。

關於書，就讓文字本身說話了。

自序

人生是一道無法回顧的風景

我常常想起以前的事，還有那些事對我的影響。

我十八歲剛上大學的時候，心儀一個女孩子，她寫了一手好文章，我深深折服在她的文采之下。那時我參加了一個文學性的社團，跟著社上的學長姊讀了一些詩跟散文，同時也學習了一些寫作的技巧。我後來覺得自己並沒有文學的天分，我之所以會加入那個社團，最主要的原因其實只是為了想要多靠近那個女孩子的心一點點。

意識到這一點之後，我就離開了那個社團。我在那個社團裡學到最重要的事情反而是我並不屬於這裡，人生要按照自己的心行事，於是我決定去學攝影。當時學校課堂上開始教授大體解剖學及生物化學，這些課程要背誦很多艱澀的醫學英文還有專有名詞，對我小小的腦袋實在是深奧難懂而且乏味；課堂之後，拿著相機到處拍照，變成煩悶醫學課程的解脫之道。

當時我還很自以為是地覺得，我有一天一定會成為職業攝影家，然後出版一本攝影集，我的名字會以自由攝影家的名字被世界記住，這樣我的人生就圓滿了。當然十幾歲時對人生大多數的想像都不會實現，結果我後來寫了兩本書，現在正在寫第三本；但是這三本書最後都還是跟醫療有著一些關係，唯一值得欣慰的是，書裡的每一個篇章開頭都附上了一張我自己拍的照片，也只能這樣告訴自己，這就是一本另類的攝影集，我就把這些書當成是我年少時的想像，曾經靠近自己的夢想那麼一點點的距離。

大四時候的通識課程，我修了哲學概論還有醫學倫理，認識了戴正德教授，他其實影響我的人生很多，啟發了我思考跟思辨的能力。後來進入臨床醫學、當實習醫師、畢業後當住院醫師，最後成為主治醫師；成為主治醫師之後我開始在網路上寫日記，內容大多是寫我跟病人之間發生的故事，這些故事大部分是我行醫失敗的經驗，或者是對人生苦難的感觸，偶爾雜著一些對自己的反思。我從來都沒有料到，有一天，這些日記會相續被出版。後來我在醫院裡看盡了生老病死，想起我的古琴跟書法老師；當時在社團上課時，老師或多或少都會講一些佛法的觀念，當時在我身上種下了佛法的種子，在我中年的時候開始萌芽，於是我開始研究佛學，投身於佛法的禪修，並寫下自己當下心境的轉變。現在回想起來，我當初所做的每一件事，當下看起來並沒有什麼多大的意義，充其量只是人生的點綴，但是到後來每一件事都彼此互相產生關聯與連結，變成我人生的一部分；只是我當初並不知道，這些事會對我的未來，產生那麼戲劇性的影響。

人生就是一趟單向的旅程，旅程的路上有著不同的風景，有歡樂也有悲傷，我所描寫的這些病人或者是禪修的心得，就好像是我眼裡所看到、所經歷的那一道風景，不管季節如何的變動，時間如何的長遠，他們都會一直影響著我的心。

第一部

那時，我在海上

他是醫師，他是像海一樣的男人，
他用心和愛治療病患，和自己。

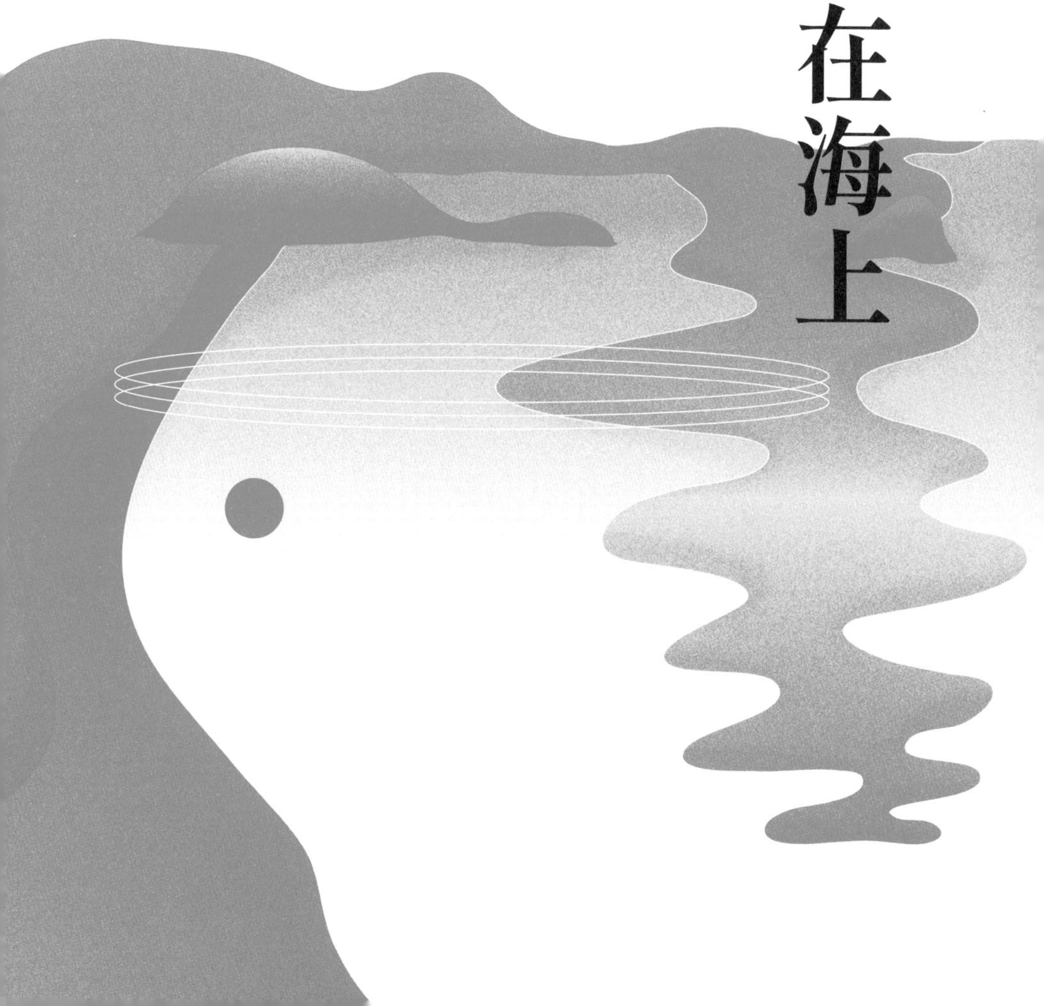

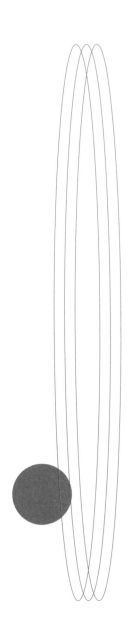

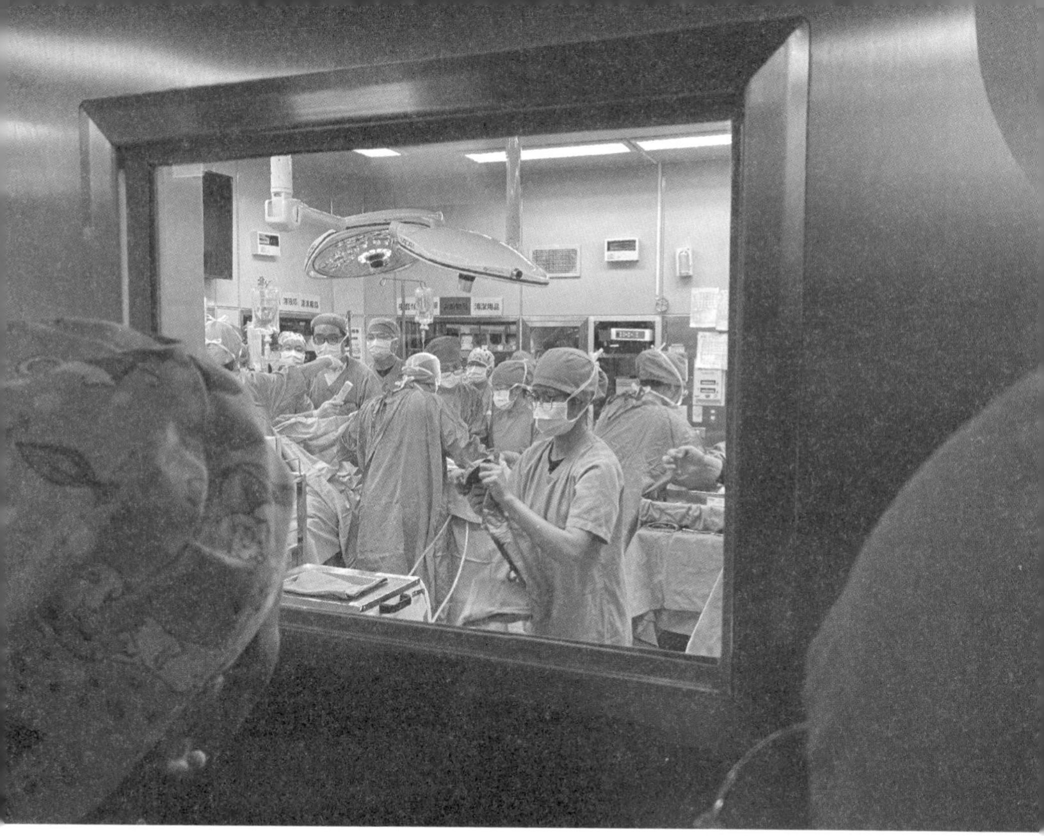

機會

一雙上帝親吻過的手以及有如天籟般的溫暖嗓音，撫慰每一位罹癌兒童的身心，也同時安慰著他們的親人心裡深處的痛……這是只有治療兒癌醫師獨有的溫柔與堅強。

那一年九月，我正在南半球的東加王國潛水追鯨魚，回到岸上之後，我發現朋友打給我的未接來電。我以為沒什麼重要的事，時差加上當地網路訊號不良，我就沒有回撥，只簡單發了一封簡訊說我在國外；想說假如有很重要的事，那朋友應該會再打一次。

隔年春天，他們帶著孩子來花蓮找我。雖然是冬天，但是那一天天氣並不太冷，我看到朋友的小孩頭戴毛帽，臉戴口罩，只露出兩顆圓滾滾的大眼睛。

我當時納悶著，怎麼會把孩子做這樣的打扮？看起來就像醫院裡看到的化療病患。但是會做化療的病人都是老人，這不過是個孩子。沒想到他們接著說，去年九月打電話給我是因為孩子肚子痛，他們帶孩子去台東的醫院看診，沒想到被診斷出罹患畸胎瘤，需要手術。他們六神無主，不知道要找哪一位醫師幫忙，所以想要聽聽我的意見。

當時整個台東縣市並沒有醫院有能力幫這樣的小孩開刀，所以孩子被轉診到台北馬偕。畸胎瘤大部分都是良性的，沒想到這孩子得到的畸胎瘤竟然是惡性，手術結束後又展開了一連串的化療。當時那個孩子正做完化療沒多久，所以才在不太冷的天氣，卻做著隆冬般的打扮；他們一邊講那段日子的經過，我光想像就可以知道他們經歷了多少煎熬、辛苦。

閒聊之後我才知道，這孩子被轉到台北馬偕之後，剛好是我十幾年前認識的前輩學姊幫他做的麻醉還有止痛。我跟學姊會認識，是因為有次我們一起去美國參加研習營，後來學姊投身於小兒麻醉跟兒癌止痛，是台灣麻醉界裡少數投身這個領域的先驅者。我覺得冥冥中自有安排，當時就算我接到電話，也沒有比把小孩的生命託付給我的學姊更令人安心的事。

我覺得會投身小兒麻醉、兒癌止痛的醫師，真的都是從天上下凡的天使，這些人內心到底要有多堅強，才有辦法看著小孩受苦。看那些原本不應該發生孩子身上的疾病，卻發生在孩子身上；看著不應該在那個年紀死亡的，卻在小小的年紀夭折。他們不但要治療病人，還要同時「治療」身心俱疲的家屬。

我當實習醫師的時候，學長跟我說：千萬不要成為小兒科醫師，小兒科醫師基本上跟獸醫無異，當你問小孩哪裡不舒服的時候，小孩只會回答你哇哇的哭聲，你問爸媽小孩哪裡不對勁，有時候他們也回答不出來，甚至說小孩不是他們帶的……這不就是獸醫跟寵物溝通的模式嗎？小孩就是小獸，只有天上的天使或是來自外太空的外星人，才能懂他們的語言，才有耐心對待他們。

剛好我覺得我的學姊兩個條件都符合。她的手是被上帝親吻過的手，所以才能幫小孩止痛，她說話的時候柔柔軟軟、輕飄飄的模樣，一定不是人間的人類。我每次碰到她都說，這世界上一定沒有人可以跟妳吵架；因為只要她一開口，我們就都輸了，都融化了。

能做兒癌止痛的醫師，我相信他們的內心一定充滿了愛跟堅毅，才會選擇跟大家走不一樣的路，才有勇氣跟力量看著不該在孩提時患病的孩子生病；這其中有一些孩子還不會出院，送走了這一個還會有下一個，像一個迴圈一樣不斷地旋轉，猶如輪迴，看著父母受盡煎熬，跟他們一起流著原本不會流的淚。假如是我，我一定會選擇輕易地轉過身去，假裝沒有看見這世界上有這些疾病。

現在我每次看到朋友的孩子，都會想起我的學姊曾經救她一命，我由衷的感謝她，還有曾經與她一起守護這些小孩的醫療人員，因為有他們，我們才有機會看著這個孩子長大，孩子也才有機會可以陪伴著我們老去。

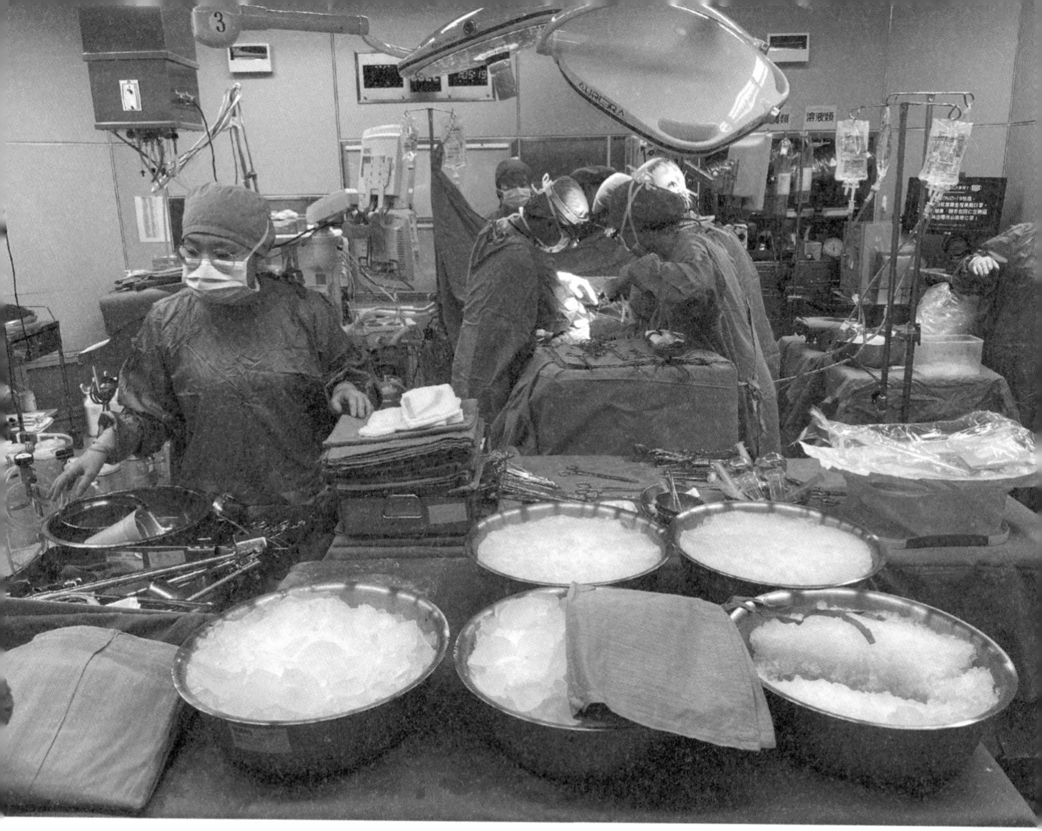

謊言

我們以為那些八點檔裡上演的悲傷人生故事都離我們太遙遠，劇中的主角都太渺小，遙遠渺小到我們都忽略在社會的底層，這些都是真實的存在。

在鄉下地方，你很怕跟那些獨居的老人講太多話，也很怕沒有人可以讓他們講那麼多。

來麻醉前訪視門診的是一位老婦人，我看了一下病歷，病歷寫的是一位男性病人，我問她病人為什麼沒有來，她只說他在家，也沒回答為什麼病人不出門。她說那是她的先生，她來醫院幫他回診看報告；之前開過肝癌的手術，這次的檢查報告是肝癌復發，又要再做一次手術。

肝癌手術是一個大手術，像我這樣熟悉肝臟適宜麻醉的麻醫，開始跟病人家屬解釋如何讓病人在手術後快速恢復，這中間包括要自費很多麻醉耗材，止痛、保溫、肌肉張力監測、麻醉深度監測……這每一樣新的麻醉方式都要自費，健保都不給付。

當然也有健保給付的麻醉方式，只是這種東西就像是BMW跟TOYOTA，兩樣都是車子，都可以開，都會到達終點，都算是實用；但是當有事故發生，國產車的性能跟安全性，根本就不能跟進口車比。當你開過BMW，你就回不去了；很不幸的，我就是那個很習慣開BMW的醫師……

只見我每講一項自費的項目，老婦人的臉色就跟著一變，我問她是不是有困難，她遲疑了一下說是……

像我這麼帥氣的醫師，當然不可能讓病人那麼為難，我很豪邁地將自費同意書在病人的面前撕毀，拍胸脯保證，我們是吃素的醫院，會幫她吸收一切成本。

她言辭懇切地拜託我們，又說幾年前她的丈夫心肌梗塞，要做冠狀動脈繞道手術，他的兒子在趕回來看父親的途中發生車禍死亡……

我以為像這樣灑狗血、賣弄巧合與悲傷情境的劇情，只會發生在三立電視台晚間八點檔的肥皂劇，不可能會發生在現實的人生中；沒想到這些肥皂劇的劇本，真的是有所本。出自於老婦人的口，是根據現實的人生寫的，只是平常這些悲傷的人生故事都離我們太遙遠，劇中的主角都太渺小，遙遠渺小到我們都忽略在社會的底層，這些都真實的存在著。

我又問了一次病人為什麼沒有來，是不是不方便？一般病人沒有來醫院，有一個可能就是已經虛弱到無法出門了，這種情況可能連麻醉都撐不過去，遑論手術；沒有看過病人，我們根本沒辦法完成麻醉前訪視，無法知道病人的麻醉風險等級。老婦人語焉不詳，說不出所以然來，她只說他白天常常在睡覺，叫他會生氣。

我聽了心裡一驚，病人白天常常在睡覺，假如不是因為藥物的關係，那就是病人的肝臟功能已經衰敗到一個程度，導致病人陷入肝昏迷的狀態，所以才會在白天常常睡覺；那麼他肚子一定也很大，裡頭有很多的腹水，可能會有吸入性肺炎，可能有凝血異常……這樣他接受手術的風險就很高了。我腦海裡浮現的影像是，這個病人就算手術也不會好了；老婦人失去了她的兒子之後，現在又要失去她的丈夫。

離開門診之前，老婦人突然回頭問說：她的先生會不會怎麼樣？

我抬了頭看了看她，什麼都沒有說，只輕描淡寫地說了一聲：不會……

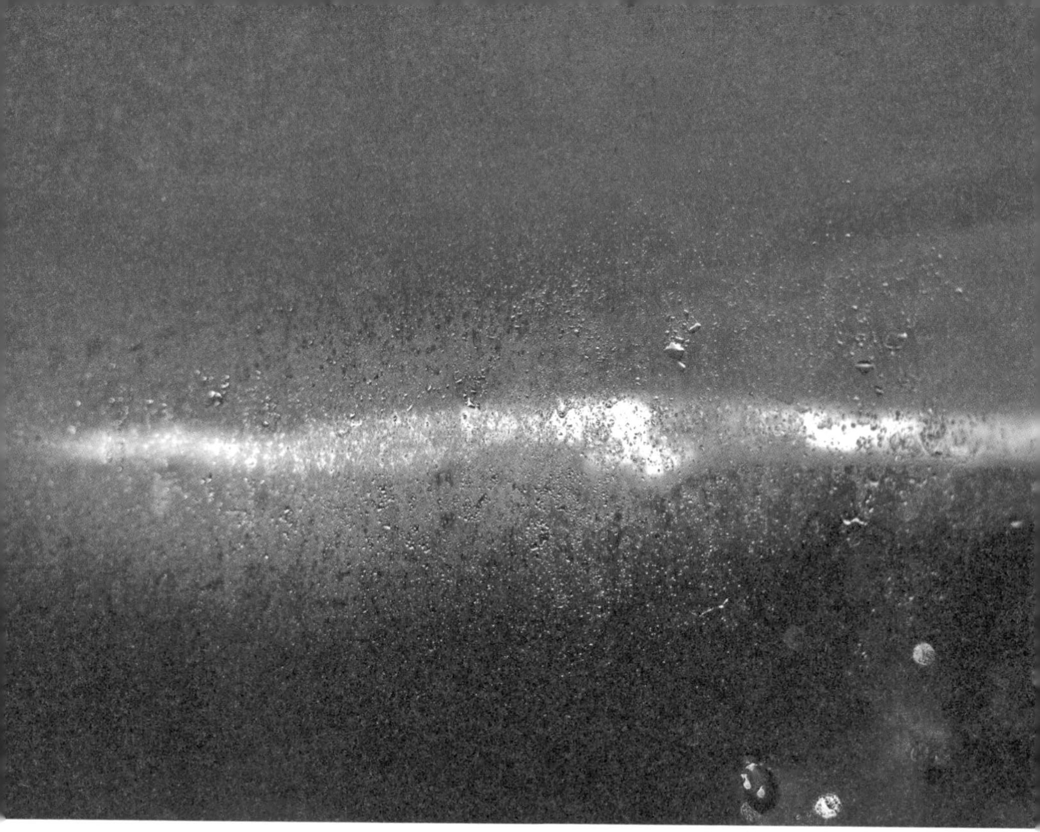

醫師的眼淚

能為病人哭的醫師是幸福的，能成為這種醫師的病人也是幸福的，現在流下的眼淚，將成為日後面對一切的勇氣。

一天下午，我帶學妹到產房打無痛分娩，她先幫產婦擺好位置，做完記號、消毒，施打局部麻醉劑。我看到她的針在產婦皮下的肌肉層裡試了幾個方向，都剛好打在骨頭上，最後一針前進阻力的感覺，看起來就像是在黃韌帶上，我覺得那個針的方向大概不會有錯，沒想到啵的一聲，我看到她匆忙的把針拔出來，原來她把硬脊膜打破了。我接著接手，只花了幾秒的時間就打好，然後很瀟灑的揚長而去。

理想無痛分娩的管子必須埋在硬脊膜外，那個空間大概就只有五公釐的大小，孕婦因為賀爾蒙改變，韌帶鬆弛、腹壓變大，硬脊膜外的空間變得更小，很容易打破。硬脊膜被打破後有一個缺點，就是腦脊髓液可能會滲出，導致腦壓不平衡；大部分的產婦不會有問題，都會自然修復，但是少數的產婦可能會因為腦壓不平衡，併發頭痛，我們稱為硬脊膜穿刺後頭痛（post-dura puncture headache, PDPH）。

這種頭痛其實也只要多喝水，臥床休息，大部分自己會好，只有少數才需要做進一步的治療。

那時候我坐在恢復室聊天，學妹好像做錯什麼一樣，怯懦地朝著我走來。我本來想要故意捉弄她，假裝生氣，斥喝她說：怎麼可以這麼不小心把硬脊膜打破！沒想到她看到我之後就哭了起來。

她哭得很慘烈，我的心都快要碎成一片一片，都快要把我那單薄的胸膛跟肩膀借給她靠一下，讓她那源源不絕的眼淚沾溼我的手術衣了。我跟她說沒有那麼嚴重，你是在哭什麼？她說她一想到病人可能會頭痛，就忍不住一直哭，因為她前兩個禮拜才看過另外一個產婦頭痛到無法下床的樣子，她說：那真的很痛啊……

因為她哭得實在太傷心了，我只好開始用我那淺薄的佛法知識來安慰她，我說：經典上說過去已滅，已經發生的事就已經發生了，沒辦法追悔，不能改變什麼；未來未至，又不是每個病人都會頭痛，為了一件還沒發生的事，你現在是在哭什麼；最後「當下即是」，我們現在能做的就是多給產婦一些點滴，請她臥床休息，不要下床。最後，請她喝咖啡或是吃些普拿疼，盡量避免頭痛發生。

接著為了安慰她，我還要開始不斷地貶低自己，說自己在她這個年紀的時候比她更糟，我還曾經在同一個病人身上，把她的硬脊膜打破三個洞，後來也沒有發生頭痛，所以不用擔心。每位醫師都會經歷這樣的學習階段，在成長的過程中，誰不是踏著病人的併發症有時甚至是病人的鮮血前進；每個麻醫都曾經把硬脊膜打破過，直到自己成為一個成熟的主治醫師。

她還一直問我說，真的嗎？真的都像我說的這樣嗎？她哭得太淒厲了，我只好派我的麻護去抱抱她，看她哭成那個樣子，我自己都心疼了起來，很想告訴她說：學妹啊！假如你的心這麼柔軟，連這一個小小的失誤都哭成這樣，那你選擇做一個麻醉醫師，以後可有得你受苦了。

我看著她那個樣子，就好像看到以前的自己，想起我第一次失去病人的時候。我的責任是要保護病人，把他帶回來，但是卻沒有做到，我也是像這樣哭得死去活來，每天上班我都躲在值班室裡面哭泣，怎樣都不肯出來做麻醉；不知道為什麼，整整一個禮拜，我只要看到麻醉機，眼淚就自然湧出。後來我逐漸長大，看過無數個病人死亡，我沒有眼淚，忘記了該如何哭泣；當看到病人死去，只要回去喝兩杯威士忌然後睡上一覺，我隔天就能再活過來。到最後我喝了太多的酒，不得不選擇皈依佛門，當我在佛前結跏趺坐，攝心修練，有一天我終將不再被外境所影響。

我以為能夠為病人哭泣的醫師是幸福的，這些醫師有血有淚，那些發生在病人身上的傷害，他們自己的心也跟著受傷；我以為能成為這樣醫師的病人也是幸福的，因為當你受傷的時候，有一個跟你其實也沒多少關係的陌生人，可以為你所受的傷哭泣；我也以為我的學妹是幸福的，因為她今天流下的淚，明天都會化為面對一切的勇氣。

世界有時也沒那麼絕望

醫療有其極限，但愛沒有；醫療或許無法讓生命的長度改變；
愛卻能將生命的寬度無限延伸。

我認識病人的時候，他大概二十一歲，車禍脊椎損傷併發中樞神經痛，來到我的門診求診。這是一種極難治療的疾病，醫學有它的極限，很多疾病其實並沒有辦法治癒，有時候你就是必須學習與疾病共存。

能治療的藥物就那幾種，所以每個月回診時所開的藥物都一樣，我那時候還是年輕主治醫師，病人很少，所以看診的時候我們都在聊天，有時候一聊可以聊快一個小時，就把其他的病人都擺在門外等，直到護理師跟我們說真的不能再聊下去了，門口等待的病人快要發生暴動了，我們才會結束。有一陣子他重鬱症發作，把自己封閉起來，足不出戶，就變成跟他相依為命的阿嬤來門診幫他拿藥。

阿嬤每次來都是一把鼻涕一把眼淚，說不知道對這個孩子該怎麼辦，他出車禍的時候其實有一個女友，女友輕傷，他重傷，那時候的女友其實後來有回來找他，但是他可能覺得自己半身癱瘓，怕耽誤女孩，就避不見面，兩人因而分開。

因為知道醫療的極限，所以我花很多時間跟他聊天，目的是希望他重新站起來；同時也請我們其他病友去看他。我們有一個脊椎損傷的病友，在夜市擺攤二十年，獨自養大了三個女兒，並且看著女兒們結婚；另一個是殘障運動員，靠運動的獎金維生；我們醫院也有一個職工是脊椎損傷的患者，在醫院做文書工作。其實我只想告訴他，你並不孤單，我們有很多病友跟你一樣，但是他們也是很努力的生活著，世界仍然充滿希望；

同時也很殘酷地告訴他，理論上阿嬤會比你早往生，不可能照顧你一輩子，你那麼年輕，必須學會照顧自己。我告訴他，有很多活動可以參加，有很多社會資源可以利用，脊椎損傷協會也有職業訓練。你必須走出來。

後來他在脊椎損傷協會認識了新的女友，跟他一樣罹患脊椎損傷。有時候真的不能小看愛情的力量，我費了好多力量都沒辦法讓這個病人走出來，但是這個女孩子拯救了他，將他帶出陰暗狹窄的心。他們開始在夜市擺攤賺取生活費，賣過滷味，嘗試各種工作，自力更生。

又有一個時期，他因為褥瘡併發壞死性筋膜炎，一開始他在家裡自己換藥，因為有傷口所以慢性失血，所有的人都沒發現，直到有一天他臉色蒼白，全身冒冷汗，還自己開車到醫院就診，我們才發現他血色素只剩下四。當時我們大吃一驚，都覺得即將失去他，那時候其實沒有醫師敢接手照顧這個病人，只有門諾醫院的賴醫師敢接。結果賴醫師還有他的傷口照顧護理師，跟傷口奮鬥了一年多，不斷地手術、清創、換藥，耗盡不知道多少心力，傷口越來越小，才將他從鬼門關帶回來，整個改變了他們的生命。我跟賴醫師分屬不同的醫院，我們並不認識，只通過幾次電話，告訴賴醫師開刀時大概止痛的方針是什麼，之後我們都沒再聯絡。但是今天，我們終於要見面了。

我跟賴醫師終於要見面的原因是，這兩口子經過十幾年的相戀，今天終於決定要結婚了。其實我知道他女友等待這一天已經很久了；他終於鼓起勇氣，她終於等到所盼。他們請我跟賴醫師一起當他們結婚的證婚人，大概是象徵今天開始有一個新的人生，我們兩個聽到這個消息都欣然接受，一大早就跟醫院請了假，開了三十幾公里的車到鳳林戶政事務所，來見證這場我們所有的人都參與了彼此人生的故事，為此做了見證。

人間雖然充滿了各式各樣的苦難，但是有時候也覺得世界沒有那麼絕望，當有愛情的時候。

醫療有其極限，但是愛情沒有。

付出眞心的人必須受苦

越愛的人越苦，我不想一直看著病人老去、死去，因此我選擇轉身離開。或許這也是一種逃避。

傍晚要下班的時候，我突然間被一個坐在輪椅上、滿頭白髮的老人叫住，問我是不是主動脈醫師。

我滿臉狐疑，想說這個人怎麼認得我，我怎麼對他一點印象都沒有？

結果他說他是×××啊！我才突然恍然大悟，好像從夢中驚醒一樣。他是我以前疼痛科門診的老病人，每個星期都會定期回診，我照顧他大概也有十年的時間，直到有一天我不願意再看疼痛門診，才把他轉給別的醫師。我記得他當時給我看診的時候，還是滿頭烏黑的頭髮，沒想到他現在已經蒼老到我完全都不認得了。

他的聲音把我帶往以前的記憶，但是離他現在的狀態已經十分遙遠。他說他得了糖尿病，因為糖尿病併發心肌梗塞，前幾年動了冠狀動脈繞道手術，之後又併發腎衰竭，現在在洗腎，最近冠狀動脈繞道手術重建的血管又發生阻塞，所以要做一個不知名的治療，要自費十四萬元。其實他在說什麼，我聽不太懂，大概年紀大了也語焉不詳，醫師跟他解釋的結果，他記不清楚也沒辦法重複；我搞不懂他說的是什麼樣的治療，要自費那麼多錢。

他說醫師跟他說就算做了這個治療，可能也頂多能再多活九個月……他說十四萬他是有，假如做了這個治療可以好，他願意花，但是假如花了那麼多錢，也只能再多買九個月的時間，他就覺得算了……

他已經七十七歲，他覺得夠了。

我覺得他好像在跟我道別，彷彿在這走廊上的巧遇，是我們最後一次見面，經過這一次分開，我們就會像分別射向兩頭的箭，永遠都不會有再重逢的一天。而說這些話的時候，他的太太就站在他的旁邊，我覺得他有點殘忍，讓他的夫人聽到他跟我說的這些話；而他的夫人也沒有說任何一句話來安慰他，她就這樣默默地站在旁邊承受。我以為我們面對一個即將死去的病人，都會說出一些善意的謊言來安慰他：不會啦！你還可以長命百歲之類的……但是他的夫人沒有這樣做，她就只是默默地站著，陪伴……

我跟他講了幾句話之後，就找了個藉口離開，因為我知道不離開的話，他會一直講下去。過去，我的門診裡，就經常有病人主動的和我分享他們日常生活的故事，那時我還年輕，病人也不多，就讓他們講下去，因為我知道聆聽也是治療的一部分，而我從他們講的故事，就可以知道他們的生活過得好不好，過得好的生活表示疼痛也控制得不錯。對抗疼痛的另一個方法，是讓他們的情緒有出口，所以我也都會讓他們講。

但是也因為這樣，我聽了太多悲傷的故事。人一旦開了口說話，彼此就會產生一種互相依存的關係，我想起了我以前不願意再看疼痛門診的原因，其中一個就是因為這些慢性疼痛病人都不會好，都只能控制；長期的看診中，我們都開了口、說了故事，開了口的就永遠不能再關上，我們的人生都永遠發生了改變；因為這些改變，我跟他們建立了某種程度的關係，所以我並不願意看著這些病人老去，接著死去……所以我也只能選擇轉身離開。

在關係裡面，付出心意的人，就已經提前注定要悲傷了。

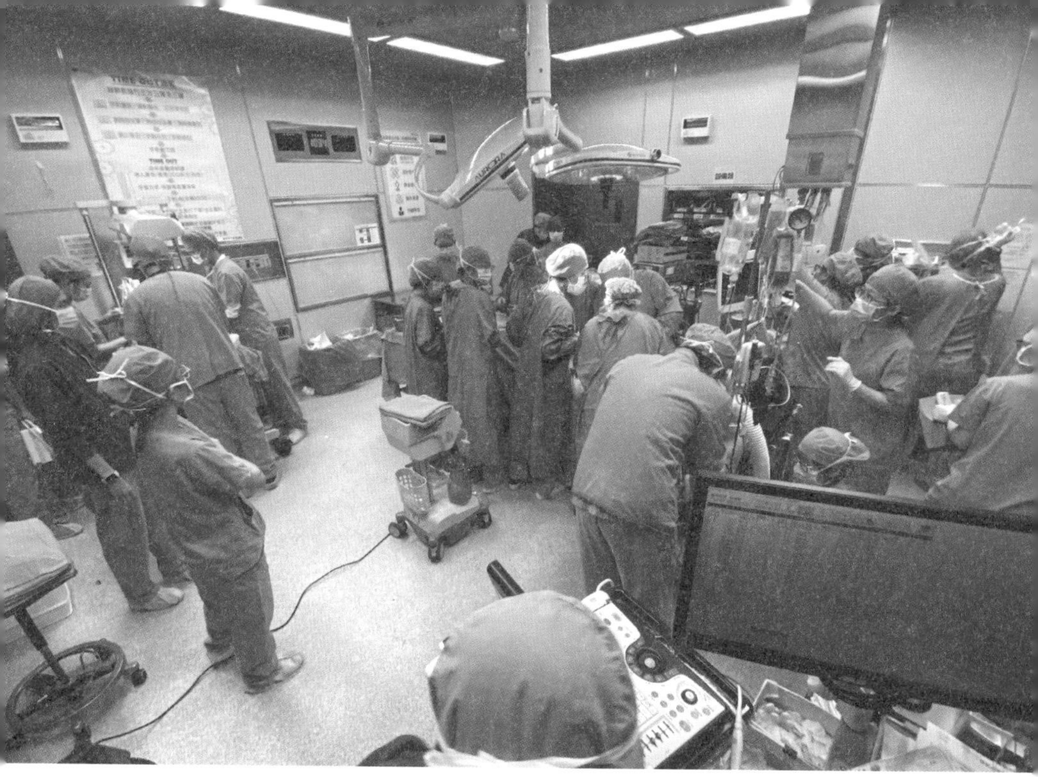

在你睡著的時候，我會保護你的小孩

當生命急速流逝時，有一群醫護人員拚盡了全力在努力的挽回。即便知道挽回後，還有一段很長的路要走，但至少看到了希望之光。

那一天下午，我剛好路過開刀房的急診電梯，大門突然打開，只見醫療人員推著病人床進來，邊大喊著：「病人來了！」我直覺就知道出事了……

我看到一位產婦斜躺在病床上，手摀著棉被蓋著下半身，不停扭曲呻吟，發出痛苦的哀號聲，鮮血則從她的下腹部不斷湧出，弄溼了整個床單，沿著病人床滴到地板。

「前置胎盤合併胎盤早期剝離出血」，胎兒三十一週，胎心音遲緩。

這是產科手術最緊急的狀況，出血量之快、之嚴重，在我們這個鄉下醫院實在是少見，甚至弄得整個開刀房的牆壁上到處都是血。

我趕快幫忙把病人推進開刀房，我的總醫師、住院醫師、麻醉護理師都已經在房間裡面等待了，他們說剛接到電話說有急診刀，才開始準備房間，結果一分鐘後我就把病人推進來了。接著小兒科醫師、開刀房護理師、產房護理師大家魚貫而入，為了拯救一個孩子，這陣仗之大，我放眼望去，前後加起來大概出動了二、三十人吧。

產科麻醉通常必須使用半身麻醉，因為全身麻醉的藥物會通過胎盤，影響胎兒，小孩出生的時候會比較不容易哭，容易發生缺氧；但是半身麻醉需要比較長的時間準備，在這麼緊急的狀態，只能選擇幫產婦全身麻醉。

一般來說，全身麻醉都是先讓病人睡著之後，才開始消毒跟鋪單，所以病人不會知道我們在他的身體上做了什麼；但是為了減少胎兒暴露全身麻醉藥物的劑量，產科的全身麻醉必須先鋪單跟消毒，直到準備下刀之後，我們才會讓病人睡著。

於是我們不得不掀開病人的衣服，讓病人裸露她的下半身，再把冰冷的消毒液倒在病人身上。我看到產婦一直發抖，不知道是因為冷的關係還是因為感到害怕，還是害羞她身體最私密的地方現在暴露在一堆陌生人的面前……對我們而言雖然已經司空見慣，一切都是那麼的理所當然，但是她這一生應該沒看過這麼多血吧，更何況這些血還是不斷從自己的下腹部湧出；每多流一滴血，她的生命跡象就會多消失一分，小孩的存活率就會更少一分。我那時候就想，假如她是害怕而發抖，那她是因為害怕自己出血快死了，還是根本無暇顧及自己，她是害怕她的小孩快死了？媽媽是這世界上最堅強的動物，永遠不會想到自己。這是一種複雜的情緒，我很抱歉沒辦法趕快讓她睡著，必須讓媽媽跟我一起經歷這些，而且我們還讓她看見我們慌亂準備的樣子；她看到我們那麼慌亂，還會對我們有信心嗎？

「在你睡著的時候，我會保護你的小孩。」我們開始打藥、幫病人插管、打動脈血管導管、下刀，從病人坐救護車到急診室算起，再轉送到開刀房，我們只花了十六分鐘就把小孩從媽媽的子宮裡拉出來，但是小孩拉出來的時候，阿普伽新生兒評分（Apgar Sscore）只有三分，全身發紫、缺氧沒有張力、心跳遲緩，已經快要停止；以前像這樣的小孩都必須死，現在只要動作夠快，急救得宜，他們就有機會活。

小兒科醫師不斷幫胎兒換氣，護理師則是不斷刺激孩子，摩挲他的背，打他的腳板，希望胎兒可以趕快哭，只要他一哭，肺泡打開，那他就有機會存活。我在旁邊看著著急，血氧一直維持正常值的一半而已，心跳都快不起來，就當我們準備放棄傳統非侵入性的方式，準備幫胎兒插管的時候，他突然迸出一聲哭聲，劃破開刀房的空氣，我當時幾乎是要掉下眼淚。

我當然知道早產兒後面還有很長的路要走，他們可能呼吸會有問題，使用氧氣會產生很多併發症，但是生命的韌性有時候也超過人的想像；你可要好好的長大，不要辜負我們今天那麼多人拚著命救你。

來不及擁抱

「我還想抱一下這個孩子。」面對沒有哭聲、一動也不動的嬰兒屍體，媽媽的眼裡仍然是溫柔的，但這樣的溫柔卻有著幾乎承載不了的心痛和心碎，她最終沒有流下眼淚，因為最深層的悲痛，是沒有眼淚的。

近足月的孕婦來到急診室，說她突然間感覺不到胎動，想要來檢查一下。我們掃了超音波，發現母親罹患前置胎盤，合併子宮內出血，胎兒已經沒有心跳。

母體、胎兒彼此之間的連結，有一種保護機制，就算是媽媽心跳停止，胎盤無血液供應，甚至是胎兒心跳停止，只要動作夠快，在十分鐘內直接開刀剖腹，都還有機會把小孩救活回來；所以有時候電影常常會上演這樣的情節，在急診室一邊幫孕婦壓胸做心肺復甦術，另一邊直接開刀剖腹產，把胎兒娩出。但是這個小孩已經太遲，心跳不知道已經停止多久了。

胎死腹中的嬰兒，必須開刀取出，同時清理子宮內的血塊，因為死胎跟血塊最後會形成一個感染源，最後導致媽媽敗血性休克。而剖腹產一般來說都是做半身麻醉，在孕婦的腰椎打針，注入麻醉藥劑，開刀的過程孕婦是醒著的，但是下半身不會痛；最主要的原因是全身麻醉的藥物會使得子宮鬆弛，子宮鬆弛失去張力，會導致手術中孕婦的失血量大增，增加孕婦的風險。

因為孕婦是醒著的，所以一般來說，小孩出生後，我們會將孩子清理乾淨，包覆好保暖之後，再給媽媽看一下，同時讓孩子躺在媽媽的懷裡，感受媽媽的心跳還有體溫；有的人認為，剛剛分娩出的胎兒假如能夠再讓媽媽抱一下，感受一下如同在羊水裡的溫暖還有媽媽的心跳聲，這樣的小孩比較不會有分離焦慮，會比較鎮定。

但是假如胎兒已經死亡，做半身麻醉對媽媽就變成是一件很慘忍的事，小孩取出的時候，沒有宏亮的哭聲，沒有醫療人員欣喜的道賀聲，開刀房的空氣靜默而凝結，讓媽媽一起經歷這些，有時候我們也覺得很抱歉。而死亡的胎兒全身軟趴趴的，四肢沒有張力，顏色是一種很可怕的紫黑色，你假如看過，就不會想看第二次；一般我們都是處理完，包覆後直接當作死胎處理，就從開刀房內部的電梯直接送到地下室的助念堂，再交給禮儀公司處理後面的往生安葬事宜。

但是這個媽媽很特別，她說她還有一個心願，她想要抱一下這個孩子。

這讓我們很為難，因為恢復室是讓「活人」休息的地方，我們從來沒有讓嬰屍或是往生的病人到過恢復室；但是我們也想完成媽媽對這孩子的最後一個心願。

於是我們只能假裝這個孩子還活著，好好地幫小孩擦拭乾淨，幫他把衣服穿好，然後當作一切如常，什麼事也沒有發生，把孩子放到媽媽懷裡。媽媽也非常鎮定，沒有掉下任何一滴眼淚，她就這樣靜靜地抱著一個嬰屍，安穩地躺在恢復室裡，就像小孩還活著一般。

最後，她當了二十分鐘的媽媽之後，才放手把孩子給我們……。

當你選擇當一個麻醫，你就已經注定要看見很多悲傷的景象；而沒有聲音的，並不代表安穩，沒有眼淚的才真正悲傷。

想要再見時，來不及說再見，想要擁抱時，沒有機會擁抱。

拒絕心肺復甦術

或許，有的時候該思考的不是是否救得活，而是救活後，是否還能有尊嚴、有一定生活品質的活著。

DNR，全名為Do-Not-Resuscitate，亦即「不施行心肺復甦術」，意思是說：當病人罹患嚴重傷病，經醫師診斷認為不可治癒時，而且病程進展至死亡已經無法避免，依照病人或家屬的意願，在臨終或無生命徵象時，不施行心肺復甦術，包括氣管內插管、體外心臟按壓、急救藥物注射、心臟電擊、心臟人工調頻、人工呼吸或其他救治行為等等；這些選項也不一定要全部放棄，有時候可以根據病人或家屬的特別需求考量——比如說部分病人不插管、不壓胸、不電擊，但是可以給予急救藥物注射，主要的目的在於避免無效醫療，讓病人走得有尊嚴、減少痛苦，而生者同時也可以感到安心。

下午來了一台緊急手術，病人因為大腸腫瘤引起的腸阻塞，要來做一個造口，病人二十多歲，體重才三十公斤，看起來有唐氏症，同時合併智能障礙、發育不全，不會講話，生活無法自理，小時候因為先天性心臟病動過幾次手術。現在病人的心律不整正在發作，心電圖一下子從正常的心律跳到左束支傳導阻斷（Left bundle branch block），接著偶爾還會跳陣發性上心室心律不整（PSVT），如此不斷地轉換……不知道什麼原因，主要的照顧者是一位七十多歲的阿嬤，沒有看到病人的父母……我當時心中閃過好幾個念頭，這樣的小孩是被父母拋棄丟給阿嬤，還是父母為了工作賺取金錢養育這樣的孩子，所以不得不離開這個地方去北部工作？像這樣小孩被遺棄或是託付的故事，在我們這個鄉下地方不勝枚舉。

因為這個病人發育不良，腸阻塞有可能會引起低血容性休克、離子不平衡、吸入性肺炎……而且他的心律不整正在發作，這樣的手術看起來就有點危險，都還沒開始麻醉，病人就已經快要往生的模樣。我想起我的學弟常常抱怨我說，我看麻醉前訪視的時候，都沒有在看，對高風險的病人，我同意書上什麼都沒有寫；我只會跟病人說：「當你睡著的時候，我會照顧你。」

因為常常被抱怨，於是這一次我就想說，那我要來好好解釋麻醉風險，免得造成大家的困擾……於是我開始跟阿嬤講說，腸阻塞的病人最怕麻醉的時候嘔吐，併發吸入性肺炎，像他這樣有先天性心臟病、心律不整、發育不全，萬一發生吸入性肺炎，免不了插管去加護病房，最嚴重的狀態有可能會死亡；而且麻醉藥物會讓血壓降低，現在腸阻塞本身就有可能讓病人脫水，脫水之後離子不平衡，會讓他的心律不整惡化，隨時都有可能需要電擊跟壓胸，本來就有點智能不足，經過這次萬一發生腦部缺氧，中風變植物人都有可能……我一直講一直講，阿嬤一直聽一直聽，聽到後來，阿嬤突然打斷我說：「假如手術中出事了，那就不要救了……」

我突然間一愣。手術室是一個開刀搶救生命的地方，在這裡圖的就是一個生命重新開始的機會，病人家屬說「不要救了」，這句話突然間讓我意會不過來，違反我平常的認知；接著我突然間明白了，阿嬤累了……儘管這個病人是二十多歲的年紀，不應該跟死亡扯上關係，但是在這個偏鄉、沒有多少資源的地方，阿嬤一個人跟他相處了二十多年，也該夠了……

於是我進去開刀房之後，看到學弟正準備開始麻醉誘導，我就跟學弟說：「家屬說假如出事了就不要救了。」

學弟聽到我這樣說也是一愣，接著開始反抗我說：不行耶！理論上拒絕心肺復甦要有兩個條件，疾病末期跟不可逆，手術過程中，無法排除麻醉藥的諸多因素的干擾，加上血壓低、離子不平衡、心律不整等諸多因素，都是可控的範圍，不屬於不可逆的疾病，而且手術過程中變化劇烈速度之快，有時候並不容許我們思考到底是不是疾病末期，是可逆不可逆，所以一定要救到底……

我當然知道法律上一定要救到底，但是這種病人你捨得把他救活？

放下

以一位救死扶傷的醫師而言，竭盡全力挽救生命是理所當然的；然而，面對癌末或重症患者，我卻不得不將選擇「放下」列為選項。

朋友說她的姊姊肚子痛去開刀，一開始以為是卵巢腫瘤，沒想到開刀之後，才發現是胃癌轉移到卵巢，已經是癌症末期，姊姊叫她幫忙念誦《佛說阿彌陀經》跟《觀世音菩薩普門品》這兩部經典，迴向給她。

朋友問我，還能為她姊姊做些什麼？

《佛說阿彌陀經》裡面敘述：一心念誦阿彌陀佛名號，念七日念念相續，一心不亂，臨命終時就可以往生西方極樂世界，永不受輪迴之苦；《觀世音菩薩普門品》則說：念誦觀世音菩薩名號，所有難治的疾病都會消失，觀世音之所以叫做觀世音，就是觀世間之音，不管在哪裡，只要稱頌名號，觀世音菩薩都聽得到，就會化身千手千眼，救度苦難眾生。這兩部經典因為比較簡易，大概就是佛教入門的經典。

我告訴她：「還可以念《藥師如來本願功德經》，裡頭對如何為病人消災延壽有詳細的描述。」

之後她又說，姊姊現在肚痛難忍，已經服用嗎啡還有吩坦尼（fentanyl）貼片，每個星期要放腹水兩千C.C.，不放的話肚子很脹；放完腹水人又變得虛弱，化療的標靶藥物似乎效果也不好，不知道要怎麼辦才好。

聽到這裡，我疼痛科醫師的職業病開始發作，在癌症末期的病人面前，我想所有的疼痛科醫師都只會傾向止痛，病人疼痛減輕之後，就有機會可以出院，讓病人有時間跟精神完成人生最後的心願，而不只是一味嘗試延長病人的壽命。而止痛的方式，除了服用嗎啡，還可以做腹腔內神經叢酒精溶解術，或是熱凝療法，用電流產生的熱能破壞神經之後，疼痛有時候會獲得某種程度的下降。

我開始勸朋友不要再讓姊姊接受治療了，我說像這種狀況，多活一天只是多受一天苦，標靶藥物或許可能可以延長病人的壽命，但是延長的壽命本身也會被這種藥物的副作用所摧毀。我並不知道這樣值不值得，但是根據我的經驗，很多時候病人接受治療，只是因為家屬希望病人接受治療，甚至最後，病人已經筋疲力竭，想要放棄，但是家屬仍然不願放棄，最後變成病人多受很多的苦，然後家人多看病人受很多的苦，互相折磨糾纏。我告訴她，你必須要放下，你不放下，姊姊沒有辦法安心的走。

有時候覺得自己叫病人或是家屬放棄治療，好像跟叫病人去自殺無異；這些話出自一個平常以拯救生命為業的醫師，有時候感覺很奇怪，而這麼多年來，我已經不知道叫多少人放棄治療，提前結束他們自己的生命……我有時會懷疑自己是不是犯下不可饒恕的罪？但有時候我又理所當然的覺得，死亡是所有人世最後的解脫、最終的和解，於是這兩種心理狀態常常在我心理交織著：一方面希望可以延長病人生命，有時候另一方面卻希望病人可以早點死去。有時候我以為當病人死去的時候，我的內心也可以得到自由。

她說她沒辦法接受，姊姊才大她一歲……我想了一下朋友的年紀，那她姊姊大概就是三十七、八歲的年紀……

我說，「你多念一些經，迴向給你的姊姊的同時，你的心也會得到寧靜……」我發現我好像在治療我的朋友；在末期癌症的面前，一位疼痛科醫師除了要治療病人，還要治癒家屬。

我跟她說：「我知道你沒辦法接受，但是人生有些事，你覺得捨不得，當下過不了的關卡，隨著時間過去，到最後那些讓你受傷、讓你覺得悲傷的事，都會反饋回來，讓你得到力量，療癒你的人生。」

放棄

當某些生命不得不放棄時，
這些生命也將以另一種方式得到重生。

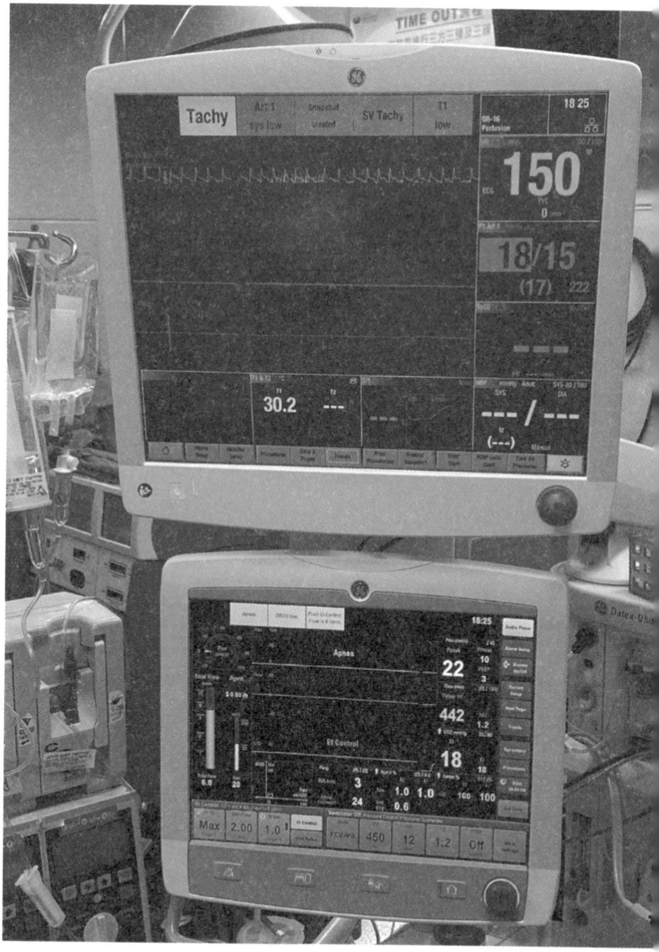

我有一點後悔那麼早走進開刀房，我的護理師還來不及幫病人貼上眼睛，所以我就清楚地看見了病人的臉。

那是一位六十歲出頭，腦死準備器官捐贈的婦人。有別於一般腦死的病人，她身上沒有多餘的管子，整理得非常乾淨，當外科醫師褪去她的衣服準備消毒的時候，身上甚至散發出一種檀香味。我一度以為那是只有充滿福德智慧之人，將死之時，阿彌陀佛前來接引，天女散花，所以空氣中才會有那種淡淡的香味；至少《佛經》上是這樣寫，我是這樣相信。所以儘管隔著口罩，那種香味還是那麼明顯。還是其實只是病人要進開刀房前，她的家人幫她沐浴更衣而已？

一般腦死器捐的病人，身上多少都有傷口，腦部可能開過刀，放有引流管，所以傷口滲出組織液，紗布有血水；有時候血壓太低，給了大量的輸液，病人全身水腫，臉腫得像豬頭一樣，十分難看。但是這位病人完全沒有。她插著氣管內管、裸身躺在開刀房的模樣，潔白乾淨的身子，讓我一度以為我走錯了開刀房，這只是一位尋常麻醉後等待手術的病人，怎麼樣都難以相信她即將死去。

我的護理師說，她剛剛去加護病房準備把病人推下來的時候，病人的兒子正跪在床緣，喊著媽媽的名字哭泣，見到那種景象，她則是只能躲在旁邊跟著拭淚。

外科醫師切開病人的腹部，分開肝臟跟兩顆腎臟的血管，病人因為已經六十多歲，心臟有潛在冠狀動脈硬化的問題，沒有辦法捐贈；我自己也是第一次遇到這種沒有捐贈心臟，只捐贈其他器官的病人。

以前器官捐贈的時候，外科醫師會切開病人的胸腔，從主動脈倒灌入冰冷的高鉀器官保護液，心跳就會停止，我再關掉呼吸器宣布病人死亡。我以前一直以為這樣的死亡跟我無關，畢竟下手讓心跳停止的是外科醫師，我只是在旁邊目睹這一切發生。出手讓心跳停止，跟在旁邊作為一個旁觀者看著心跳被停止，這兩者對我而言是天差地遠；所以也深知自己並沒有勇氣可以成為外科醫師，麻醫充其量只能當一個器官的保護者，讓器官可以存活，成功地移植到下一位病人身上。

但是今天心跳並沒有停止，外科醫師從肝臟、腎臟灌入器官保護液之後，這些器官保護液會隨著血流被帶走，降低器官保護的效果，回到心臟的器官保護液還是會對心跳產生抑制的效果，只要量夠大、時間夠久，心跳還是會停止；但是沒有人會等那麼久，也沒有人會灌那麼多的器官保護液，所以外科醫師下令直接關掉病人的呼吸器，然後我就殺了一個人了⋯⋯

這是我生平第一次「殺人」，對一位有血壓、有心跳的病人，直接關掉她的呼吸器，看著她的潮氣末二氧化碳變成零，血氧值再也測不出來，血壓變成一條平線，這時候心臟還能掙扎地想要一直跳下去，以為這樣跳下去，就能夠拯救「心」的主人⋯⋯麻醉機發出病人即將死亡的嗡嗡警告聲，接著心室頻脈（VT）及心室纖維顫動（VF），心律不整，心搏變慢，最後停止。

這一個關掉病人呼吸器、費時不用半秒的動作，卻在我心裡上演了無數小小的劇場，我記起了我看過病人的臉，還有她的眼睛。你假如看過病人的眼睛，就永遠不會忘記她的模樣，還有我的麻護告訴我她的兒子跪在床緣哭泣，她躲在遠遠的角落拭淚；這些都在腦海裡形成一幅一幅的畫面，不會褪色。

我以為要成為一位麻醫，必須要能喝很多的酒，然後躺在十七歲少女柔軟的胸部上，如此才能沉沉地睡去，猶如死去一般，隔天早上就能獲得新生，又有勇氣幫病人麻醉；然後告訴自己，某些生命必須被放棄，如此生命才能獲得延續，人也並不會真的死亡，只是轉換成另一種形式存在。

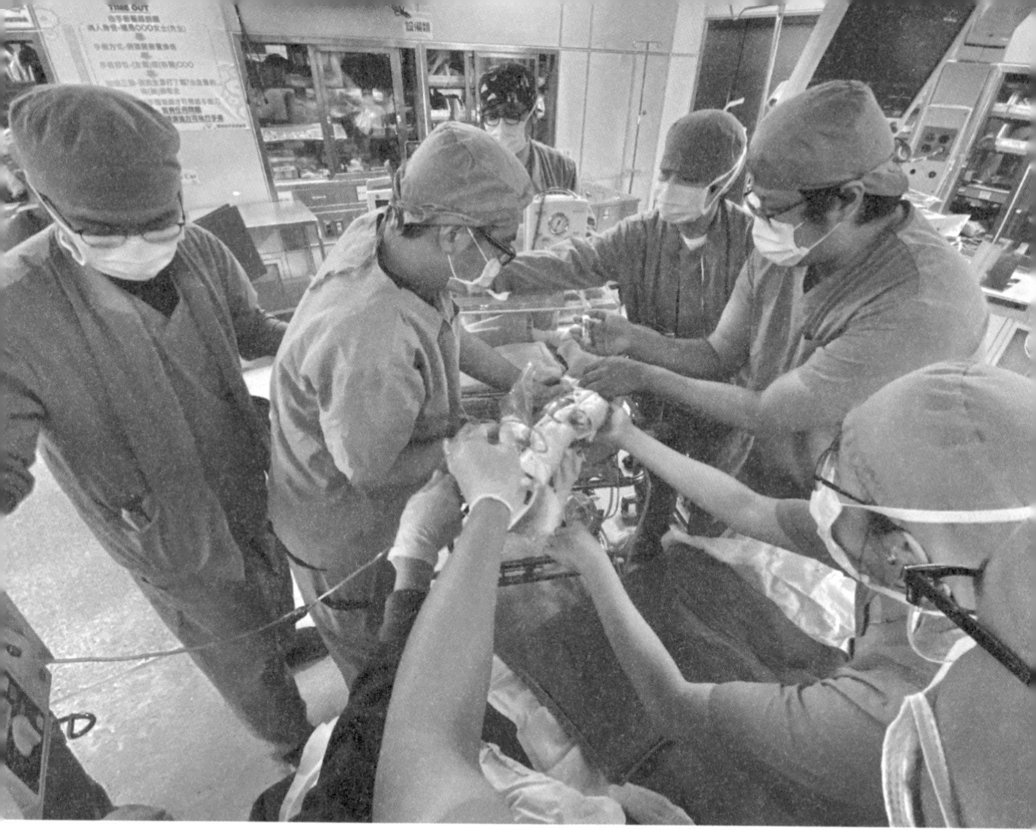

花東孩子最後的守護者

彭杯杯，用他那雙被上帝親吻過的手，在這個幾乎沒有醫師願意待的偏鄉，挽救一個個孩子的生命，圓滿一個個本來很有可能破碎的家庭。

腹裂畸形是一種先天異常的疾病，新生兒因為腹部肌肉缺損，腹壁沒有癒合，導致腸胃道暴露在空氣中。暴露的腸胃道水分會不斷地揮發流失，接著電解質失衡，體溫不斷喪失，器官灌流不夠，產生代謝性酸中毒；暴露在空氣中的傷口更會導致細菌感染，最後敗血性休克，假如不緊急手術，很快就會死亡。

在我們這種鄉下地方，年輕人口外移，生育率本來就低，加上產檢的普遍實施，很多完美主義的父母知道小孩有這種先天性畸形，雖然不是致命的先天異常，仍然會選擇人工流產。那些沒有選擇人工流產的父母，知道這種小孩一生下來就會面對種種難處，通常都會算好時間去台北剖腹產；畢竟在台北的醫療資源跟手術專家比我們更有經驗一點。

所以這樣的手術在我們家醫院非常稀少，平均好幾年才會出現一個，病患通常社經地位較低。通常都是未婚媽媽，因為連產檢都沒有做，才會誕生這樣的小孩。

小孩的媽媽才二十歲，從來沒有來過醫院產檢，平常可能都在外面流浪，連她的父母都不知道她已經懷孕；破水之後才從一百公里外的玉里，轉來我們家醫院，生下來之後才發現小孩罹患先天畸形。

我們家的小兒外科醫師，我們都叫他彭杯杯，他長得一副和藹可親的模樣，笑起來簡直就像是彌勒佛，他可能是整個花東區兩百公里內，唯一的一位小兒外科醫師。其實幾年前他已經申請退休，平常就在花蓮過著退休般的生活，但是全國的小兒外科醫師就像是瀕臨絕種的野生動物，比黑面琵鷺還要稀少，聽說可能只有二十多人，所以彭杯杯退休之後後繼無人，我們醫院只好又把他請回來兼職，有急診刀的時候我們還是會打電話給他，他說假如他跟小孩有緣，剛好人在花蓮，那他就可以出來救這些孩子。

看彭杯開刀真的是一種享受，他的手靈巧得像被上帝親吻過的手，開刀的時候手指頭就像天使在跳舞一樣；那小孩那麼小，傷口那麼小，大人的手指頭都比傷口還要粗……他開刀的手法還有綁線的手法，讓人覺得把小孩的生命交給他，是一件最安心的事。

我十幾年前來花蓮，彭杯杯就已經在了，很難想像他到底在這家醫院多久了。在那個年代，像這樣的小兒外科醫師，大家搶著要，不管在哪裡都會名利雙收，真的沒有必要來到我們這家醫院。而在那個遙遠的很久很久以前，沒有雪山隧道，沒有普悠瑪，交通不便的年代，這些小孩連轉送到台北開刀的機會都沒有；在轉送的過程中，這些孩子就會因會脫水酸中毒而死亡。所以在彭杯杯來到我們醫院之前，這些小孩都死了，彭杯杯來了之後，這樣的孩子都活了。

因為這樣的手術很少，我自己麻過的病例也很少，兩隻手指頭都數得出來。我只是隨意在群組裡說有這台刀，沒看過這種病例的住院醫師可以出來學習，沒想到在週末的大半夜，竟然幾乎所有的住院醫師都出來幫忙。

這個醫院雖然很小，但是改變了很多事。以彭杯杯的開刀手法，細膩而精巧，他沒有必要待在我們家醫院，但是在那個沒有醫師要來的年代，他選擇了下鄉，在我們這家醫院落腳，不知道救活了多少小孩，圓滿多少家庭；在我的心中他是花東地區所有小孩最後的守護者。還有我們麻醉科真的是很好的科，面對這樣的孩子，大家都出來幫忙，師父曾經說過：一個人只有一雙手，只有一雙眼，但是假如有五百個人一起合作，就有千手千眼，好像千手千眼觀世音菩薩下凡一樣；而你們看那張照片，在這個孩子最脆弱、最需要幫助的時候，有那麼多隻手想要承接住那個孩子。

美麗新世界

「你放心，在你睡著時，我會守護你。」比起和病人細數麻醉風險，我更常對病人說這句話，在必須面對疾病的恐懼外，我更希望能讓病人得到心安。

我常常在開刀房裡面講幹話，有時候我自己講出那些話來，連我自己都感到驚訝。學弟常常說我麻醉前訪視都亂看，什麼都沒有講。因為現在醫療糾紛越來越多，為了保護自己，麻醉的風險都會傾向越講越嚴重；我每次看到麻醉同意書上密密麻麻寫著有可能會中風、心肌梗塞或是死亡……等等，看完都覺得心驚膽戰；尤其是訪視完後病人可能過幾個星期才要開刀，我常常想，病人拿到麻醉同意書之後，上面寫滿了可能的併發症，接下來的晚上怎麼睡得著？

佛陀說布施有三種：財施、法施、無畏施；財施予人錢財，法施予人慧命，無畏予人心安。雖然我訪視的時候從來不跟病人講麻醉風險，我把病人的不安、恐懼及將來萬一出事必須面對醫療糾紛的法律風險自己扛下；但是我一定會跟病人講一句話：你放心，我會照顧你！

有一次有位阿嬤跟她的女兒來看訪視，因為阿嬤實在太緊張了，訪視結束的時候，我脫口說出：「你放心！你睡著的時候我都在！」

講完這句話之後，我自己都覺得不可思議。雖然我的護理師白眼已經都翻到後面去了，因為我是一個粗獷、亂罵髒話的人，她們覺得我只會對二十五歲的少女講出這麼溫柔的話。我後來也覺得這句話真是溫柔而且充滿力量，假如每一次訪視結束都能這樣告訴病人：「你睡著的時候，我都會在旁邊守護你。」這真是一件美麗的事。

有一次值班，神經外科醫師叫我去急診室做訪視，說有一位腦部出血的病人要開急診刀，我下去的時候病人已經插管，外科醫師叫我快一點，因為出血的面積很大，然後家屬還在外地，必須將同意書傳真到外地，等家屬簽好之後再傳回來，這中間不知道要浪費多少時間。我說假如真的很急的話，就你跟急診醫師，兩個醫師自己簽一簽就好啦！外科醫師說：「不行啦！有找到家屬的不行，只有找不到家屬的，才可以兩個獨立的醫師幫忙簽同意書。」

我就說：「那就傳真出去之後，也不用等回函，你直接把病人推到開刀房吧！在人命的面前，這些狗屁規矩就不用管了。」

我講完這句話之後，覺得沒有麻醉同意書我也敢麻，我真的也是很敢……。

幾年前我從鄉下醫院被調回來的時候，當時科內一個月接受手術後疼痛控制的病人只有二十來個，院方高層對這個醫療品質非常不滿意。然後科內只有一台過時的超音波，血管、神經、肌肉常常看不清楚，我當時就這樣帶著住院醫師，開始教他們用神經阻斷術來做術後止痛；當時大家抱怨半天，因為超音波太舊，針根本看不清楚，一台超音波也不夠用，大家常常搶超音波搶到吵架。科內所有的人都認為我用那麼舊的超音波不可能做得起來，但是我用了不到半年的時間，一個月止痛的人次從二十幾個人變成兩百多人，後來醫院因此買了四台超音波，讓病人享有更好更安全的醫療品質。

我後來跟學弟說，神經阻斷術其實不難，我會的其他醫師也會，我教你的跟別人教你的其實也都一樣，但是為什麼術後止痛這個問題大家都做不起來，只有我做得起來？你經歷過這些，你到底從我身上學到什麼？

因為我從不放棄，老闆交代的事我從不抱怨也不說不可能，我用最少的資源做最大的夢。

有一次我跟總醫師一起值班，那天晚上雖然不會很忙，但是急診刀也是一台接著一台，幾個斷手斷腳的病人在急診室等著要開刀，然後總醫師發現我去急診室做麻醉前訪視，嘗試幫病人做止痛，他很驚訝的說：學長，你去急診室看病人？你去急診室看病人？你去急診室看病人？總醫師大概太驚訝了，這句話他一連說了三次……我可以瞭解他為什麼那麼驚訝，因為值班的時間，人力不夠，值班醫師大多不願意去急診室看病人、幫病人做止痛，就算真的要去，也是叫住院醫師去；大概從來沒有聽過，值班時間主治醫師會親自下去急診室看病人的。

有一次我的一個同事因為意外手部骨折，在急診室已經打了十毫克的嗎啡，還是痛到無法打石膏。我看到她的時候，她斜躺在病床上，臉部表情猙獰；我幫她做了神經阻斷之後，她才好一點可以上石膏。就是因為這個契機，我們決定開始投入急診止痛，我希望所有的病人一旦受傷，一到急診室的第一個時間，在打石膏前或是在等待開刀的時間中，我都能幫病人做阻斷術止痛，這樣我就能建立一個無痛急診室。

於是我去急診科演講，請他們派人來學神經阻斷術，假如他們不願意學，那請他們發現病人受傷的時候，會診骨科的同時也同時會診我們。但是急診可能真的太忙了，他們忙著拯救病人的生命，所以沒辦法配合；後來我只好去拜託骨科醫師，說你們收到會診的時候，同時打一通電話給我，我就下去幫病人做止痛。其實我花了很大的心力，跟無數的人吵過架，才讓大家開始有這個習慣。

我曾經告訴住院醫師說，值班的時候，你們手裡拿著控台的手機，有幾台急診刀、幾個病人躺在急診室需要止痛，你們一定知道；你們有空應該要去急診室幫病人止痛，有一天萬一你們自己或是你們的家屬受傷的時候，你們一定也會希望我這麼做……我們希望怎麼樣受到對待，也要這樣同時對待病人，而我要求你們的，我自己一定做得到。

我還記得我當時很臭屁地跟總醫師說：你知道你學長之所以帥，不是因為長得好看，而是因為我心裡一直有一個更美麗的世界，而我很努力的去達成那個世界。

秘密

當我們無法處理所有病人的時候，我們第一時間只能選擇那些積極救治可以改變病程的病人，這不得不的選擇，也只是為了挽救更多的生命。

急診室打電話來請我去幫忙插管。這時候會請我去插管，一定是懷疑病人是新冠肺炎的患者。我開始著裝，戴上護目鏡，N95口罩，穿上防護衣，等我全部穿好之後，大概已經過了五分鐘……

我到達急診室之後，看到的那一幕景象簡直淒涼到令人不忍卒睹。

我到急診室時已經太晚，病人已經開始急救，但是他所接受的心肺復甦術，跟我平常所認知的急救方式不太一樣，只見到病人的胸口架著一台心肺復甦機，自動壓胸的機器不斷起伏地壓在病人的胸口，所有的醫療人員距離病人大概都保持兩公尺以上的距離，他們也只給他一般的氧氣面罩，沒有人給予正壓呼吸。這其實是比較沒有效率的復甦方式，就好像是一般的民眾看到路倒失去意識的病人，給予基礎的心肺復甦，就只要壓胸即可，因為壓胸所產生的胸內壓力差，會把外界少量的空氣帶入病人的肺部；而失去心跳呼吸的病人，因為耗氧量減少，所需要的氧氣也會比正常活動的人少，所以一般民眾只要做基礎的壓胸，就有可能幫病人保持最基礎的血液循環及氧氣供應，為病人保留一絲生機。

但是這對我們醫療人員來說，平常所做的高級心肺復甦，積極的給予病人換氣、插管、給藥、電擊差異實在太大，一時之間突然覺得難以接受，但這就是目前建議對懷疑新冠肺炎患者心肺復甦的方式。

我之前從來沒有真正見過這樣的急救方式，只在網路上讀過一些目前建議對肺炎病人急救的標準作業流程，不給予正壓呼吸是怕氣流的壓力把肺部的病毒帶出來；壓胸所產生的胸廓壓力差，也有可能把肺部的病毒壓出來，導致周遭的醫療人員暴露在感染的風險之下。所以在建立氣管內管之前，只能用機器壓胸，所有的醫療人員都站得遠遠的。

這是一個為了避免醫療人員感染，不得不採取的一種方式。因為這個病毒的致死率，跟有沒有辦法保存醫療資源有關，一旦醫療人員感染被隔離，能夠上班照顧病人的人員就會越少，醫療負荷就會越來越重，當醫療負荷超過醫院所能承受的範圍，病人無法得到適當的照顧，就會到處散播病毒，導致更多的病人感染，最後這些感染的病人病情加重，導致病人死亡；如此一直惡性循環。

而為了要保存正常的醫療儲備能力，我們不得不採取比較保守、對自己比較保護的作法，但是這個保守自己的方式卻可能對病人有害；我穿隔離衣所花的時間就超過五分鐘了，表示病人也已經缺氧五分鐘了，在病人到達醫院之前可能缺氧的更久，加上採用比較沒效率的急救方式，他可能早就已經腦傷了，就算救回來可能也是植物人，或許經過這麼長時間的缺氧，根本就救不回來……而在我們用這種方式救不回來的病人之中，十個裡面或許會有一個或兩個，假如我們可以像以前一樣奮力地壓胸、插管，總該有一些病人是不會死的……但是這就只有我們自己知道了。

當戰場上醫療資源有限，無法處理所有病人的時候，重傷跟輕傷的病人都不用救：輕傷的病人不會死，所以不用救，重傷的病人救不活也不用救，只有那些積極救治可以改變病程的病人，值得在第一時間全心投入。就好像在媒體上所看到的，歐洲某些國家，呼吸器不夠用的時候，他們拔除了老人的呼吸器，給存活率較高的年輕病人使用。生命要能夠延續，是因為我們放棄了某些生命，這就是隱藏在醫者內心底層不能說的秘密。

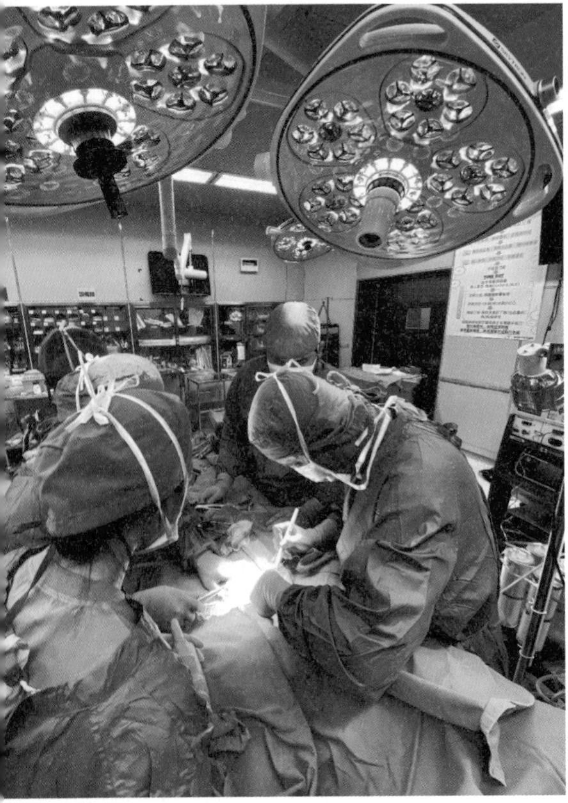

假如可以不要知道這些事，就太好了

我想要當一位醫師，可以幫助更多陷於困境或是在社會邊緣，在疾病面前也只能選擇放棄的人；我不想再當一位醫師，是因為在醫院裡有無止境的悲傷，早已超過了負荷。

一日午後，要幫一位卵巢癌的病人麻醉，我看到她的肚子比懷胎十月還要大，肚臍膨出，整個皮膚被繃得緊緊的。超音波跟電腦斷層的報告顯示，病人的肚子裡面有大量的腹水，腹水會導致病人的腹壓增高，因為腹壓太大的關係，病人睡著之後就會有嘔吐、發生吸入性肺炎的風險，所以只好選擇快速麻醉誘導插管。

所謂的快速麻醉誘導插管，是指針對有吸入性肺炎危險的病人，我們使用藥效作用比較快速的藥物及肌肉鬆弛劑，在病人睡著的第一個瞬間，就幫病人插管建立呼吸道，以避免病人嘔吐及其嘔吐物流入氣管；因為要達到病人快速睡著，所以使用的麻醉藥物會相對比較大量，而這大量的麻醉藥物有可能會使病人的血壓下降。

再加上肌肉鬆弛劑打下去之後，病人失去肌肉張力，因為重力的影響，增高的腹壓會把下腔靜脈壓扁，導致靜脈回流受阻，回心的血流量因而減少，減少的血流量則導致心輸出量下降，病人的血壓會因而更低，所以在病人的呼吸道建立之後，血壓還是低了好一陣子。我打了一些強心劑來提高血壓，同時在超音波的導引下建立中樞靜脈導管，再給予大量的輸液，花了好一些功夫才把病人的血壓拉回來。

光是麻醉誘導這件事，就覺得已經讓病人經歷了九死一生，我也跟著輪迴了好幾次；手術都還沒開始，就已經讓我疲倦異常。

婦產科醫師一邊幫病人消毒一邊說，病人以為自己是因為懷孕所以肚子才會漸漸變大。等到大到受不了之後，才來醫院檢查，一檢查竟然發現是卵巢癌，下刀之後肚子裡面總共抽出了七千C.C.的腹水；這個病人瘦瘦小小，身材並不太高，不知道她怎麼有辦法容忍自己的肚子裡有那麼多的腹水。基本上拖到有這麼多腹水才發現的卵巢癌，應該都已經到了癌症末期。

我心裡覺得納悶，就算這個病人以為自己是懷孕，理論上應該還是要來產檢吧！假如她早點來產檢，就會知道自己是卵巢癌不是懷孕，那她今天會不會就還有生存的機會？是什麼樣的原因讓她沒有來產檢？住在某個很深山的部落，不方便下山來？還是窮到連健保都沒有，沒有錢來看門診？就算連健保都沒有，還是有社福其他補助可以使用；在這個資源這麼豐富方便的時代，還能把疾病拖到這樣才來看診，真的是少見。不管是什麼樣的原因，總之她都放棄了自己。

為這麼這些人會放棄自己呢？在這個地方，偶爾就會遇到這樣的病人，他們放棄自己的原因千百種，懷孕了也不來產檢，菸酒檳榔也不忌口，有時候因此生下了畸形的胎兒，有時候像今天這樣置自己於險境，有時候也讓胎兒處於險境；基本上他們都放棄了自己，也放棄了自己的小孩，是什麼樣的環境可以讓人如此絕望？

有時候我也會想，是不是現代的資本主義社會沒有給他們適應的機會，是我們放棄了他們。因為偶爾會遇到這樣的病人，所以我想要在鄉下地方當一位醫師，假如有更多的醫師，會不會這些病人碰上醫師的機會就會變多，我們就可以改變他們的命運。但是同時，因為偶爾會遇到這樣的病人，看過了太多悲傷，所以再也不想要當一位醫師。

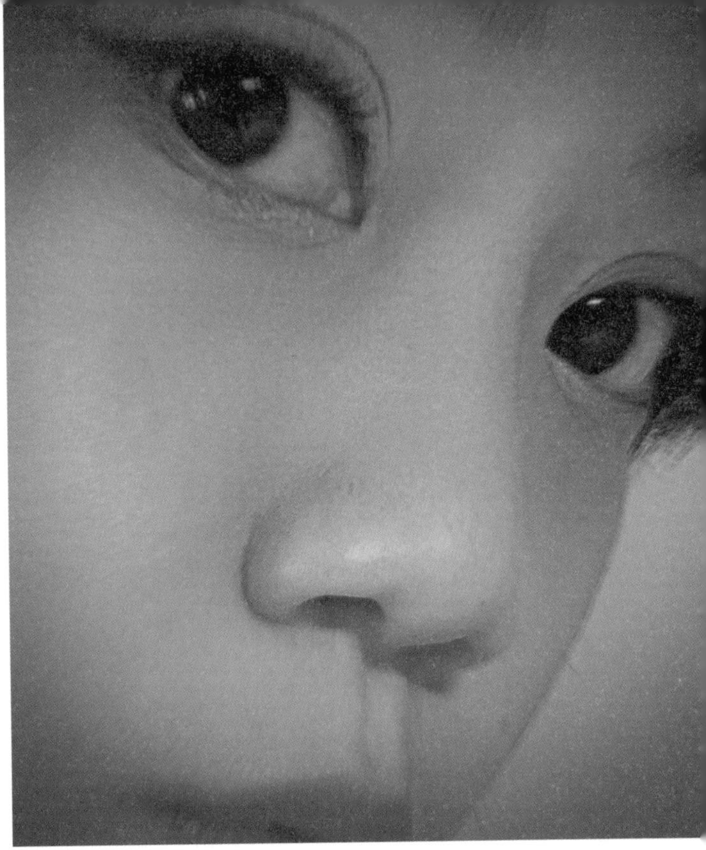

眼角有淚

要同時挽救一個情況危急的產婦，和一個有可能剛出生就得面臨死亡的孩子，需要一個跨科別的團隊，但即便是這樣的竭盡全力，成功和失敗也只是一線之隔。

急診刀依照病人緊急的程度有分成Ａ、Ｂ、Ｃ三個等級。Ａ級的急診手術是所有手術中最緊急的狀況，一般來說必須在病人到醫院的一個小時內做完所有的檢查跟準備，然後進入開刀房開始麻醉跟手術；Ｂ級可以等兩個小時；Ｃ級則是六個小時，所以當接到電話說有Ａ級的急診手術時，大家都會像發了瘋一樣。

我當時接到電話，說有緊急剖腹產，胎兒窘迫，胎兒心跳一直下降，馬上要推進開刀房；而當時開刀房所有的房間都是在使用中，只有一間可以挪出，但是病人已經躺在手術台上，我幾乎已經要把麻醉藥打入病人的體內。接到電話後，我不得不跟病人抱歉，解釋說有一個比她更緊急的病人必須馬上進來手術，只好請病人先下床來空出床位；好在這個病人很友善，可以理解這中間的難處跟無常，並沒有很多抱怨。

但是要馬上換一台手術，其實並不容易，因為不同的手術有不同的器械，外科的流動護士要馬上把原本準備好的器械推出去，換成剖腹產的器械；這些器械又大又笨重，基本上動起來就像是搬家，而且是緊急搬家。

剖腹產一般來說都做半身麻醉，全身麻醉的麻醉藥會通過胎盤，影響小朋友，小孩出生的時候會比較不容易哭，因而產生缺氧，同時麻醉藥也會使得子宮鬆弛，鬆弛的子宮會不斷地出血，導致母親的失血量增加；再來是孕婦一般來說都是困難插管，又因為腹壓太大容易嘔吐產生吸入性肺炎。總之全身麻醉對孕婦跟小孩都不好，除非萬不得已，不然不會做全身麻醉。

還好產婦來醫院待產的時候，已經預先埋了無痛分娩的管子，我從管子裡面直接加藥就可以完成麻醉誘導，直接開始手術。因為產婦全程都是醒著的，我有時候會想，讓媽媽參與這樣的急診手術，她們的心理是怎麼想的？

從充滿喜悅地在產房待產，到得知她的小孩快要死了，躺在病床上被醫療人員瘋狂地從這一棟大樓，經過連接走道推到另一棟大樓，進入生平從未經歷的陌生環境；躺在手術台上，雙手被約束在手架上，衣服被掀開，身體最私密處被暴露在寒冷的空氣中，以及一大群戴著口罩的陌生人眼裡……

住院醫師開始消毒產婦的下腹部，他們把消毒液像潑水一樣灑在病人身上，刷手護士慌張地把一包又一包的手術器械打開，東西鏗鏗鏘鏘地發出金屬碰撞的聲音；主治醫師洗手穿上無菌衣，用刀片切開病人的皮膚，像瘋子一樣大喊要各式各樣的器械……小兒科醫師跟產房護士在旁邊待命，破水之後，血水羊水混在一起，被抽吸管吸得隆隆作響。

要救這樣一個孩子，要出動十幾位醫療人員，像大隊接力一樣，全力衝刺才有機會完成。

小孩拉出子宮之後，全身發軟，皮膚發黑，小兒科醫師不斷地拍打小孩的腳板，刺激小孩的軀幹，希望孩子開始呼吸；時間一點一滴的過去，眼看著就要幫小孩插管的同時，好不容易他終於猛爆出一聲哭聲，這一聲哭聲劃破了整個開刀房的空氣，我發現這時候媽媽的眼角有淚，流下臉龐的時候，劃出一道完美的弧線。

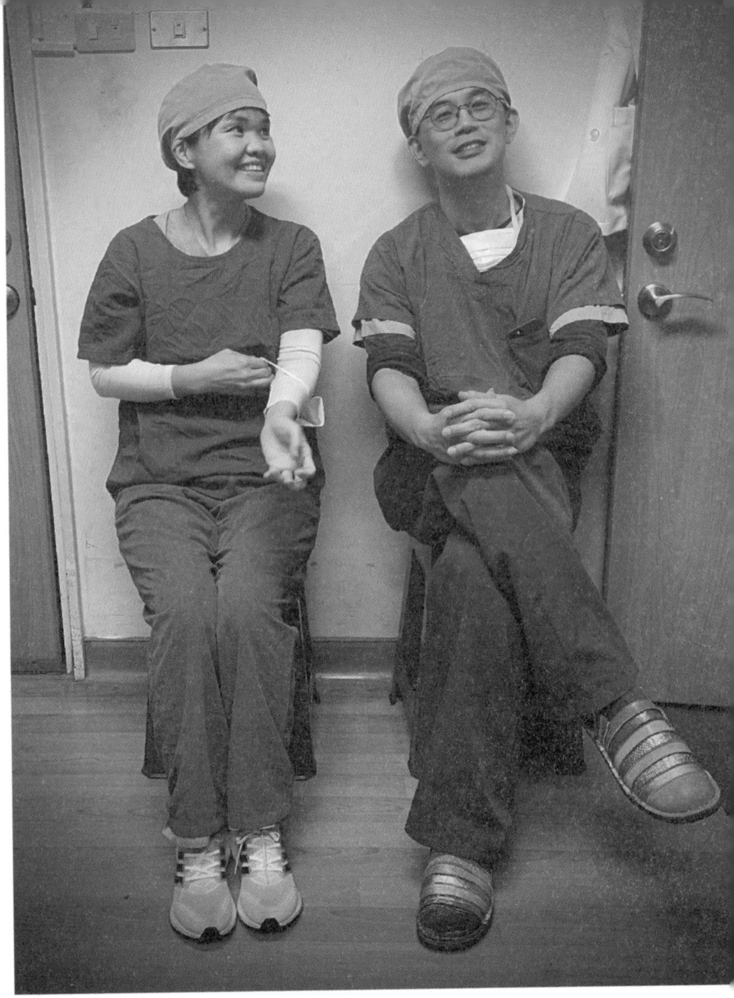

愛的記憶

蘭芬是我在網路上認識的朋友，雖然身處不同的世界，但有著共同的喜好——喜歡用文字來發掘這個世界，不同的是，她的文字充滿了愛和溫暖，而我，則是灰黯和感傷。

前一陣子我在網路上認識了作家蘭芬，她跟我是屬於不同世界的人，簡單來說我們來自不同的星球。雖然我們不一樣，但是我們都寫書，喜歡用文字發掘這個世界，但是我們的寫作風格迥異；蘭芬姊的筆觸溫暖柔軟，她總是可以把一件很平凡、很日常的瑣事講得很有愛，我的筆觸深沉而悲傷，像是在醫院的底層替病人發出一聲哀鳴。儘管如此的不一樣，但是我們都有一雙相同的眼睛。

我們都是說故事的人；她看見了社會裡面，你我身邊最平凡、最不足為外人道的小人物、小故事，我看見了醫院裡面眾生的苦難。我們用我們的眼睛、我們的手跟筆，記錄了那些被人所忽略、習以為常的事。

有時候我覺得會跟她認識，是因為過去無始劫以來，曾經於某一世發願，要一起用文字結交，以文會友，所以經過無數生死輪迴的醞釀之後，才能在今生的此刻透過網路結識。其實我們沒見過幾次面，只是偶爾在網路上互丟個訊息，但是我們看過彼此的文章，知道彼此文字的力量，她懂我在寫什麼，我知道她想說什麼；所以在那少得可以忽略的時空裡，我們只要一見面，永遠有說不完的話題，像聊天不需要換氣一樣，沒有間隙。

蘭芬姊寄來了她寫的書《沒有人認識我的同學會》，寫她的父親、家人的故事，讀著讀著我就好像經歷了她的人生，從她的小時候、青春期、成年、為人母、最後失去她的父親。我跟著書裡的文字起伏，自己好像變成了她的影子，望著她所經歷的一切；看她的書又像望著一面鏡子，也可以反射出自己的青春、人生。我覺得我們的經驗是如此的類似，就好像六弄咖啡館裡的經典名句：我們都有相同的青春，但是不一樣的人生。

蘭芬姊曾經用佛洛斯特（Robert Frost）的詩來形容我們兩個的情誼：

The Road Not Taken

Two roads diverged in a yellow wood,
And sorry I could not travel both
And be one traveler, long I stood
And looked down one as far as I could
To where it bent in the undergrowth;

Then took the other, as just as fair,
And having perhaps the better claim,
Because it was grassy and wanted wear;

Though as for that the passing there
Had worn them really about the same,

And both that morning equally lay
In leaves no step had trodden black.
Oh, I kept the first for another day!
Yet knowing how way leads on to way,
I doubted if I should ever come back.

I shall be telling this with a sigh
Somewhere ages and ages hence:
Two roads diverged in a wood, and I—
I took the one less traveled by,
And that has made all the difference.

意思大概是森林的深處有兩條路，我們無法同時走過，於是我們在某個時空都曾經站在這個交叉點上，我選擇了這條，她選擇了那條，我們各自選擇了不同的路走，然而每次走到崎嶇之處時，我們偶爾會懷疑自己，因而望向遠方，想像著另一條未行之路，是不是會更為平坦且通向不同的境地。

但是人一旦做了選擇，就只能義無反顧地一直走下去，於是我們繼續獨行，且走且放歌，當我們唱出的歌聲傳向森林最深之處，彼此碰撞回應，當歌聲回傳，我們知道我們並不孤單，彼此都是另一個選擇不同路的自己，於是我們朝著相反的方向，互相揮手，祝福致意，再繼續各自往自己的目標前進。

雖然我很感謝她寄書來給我，表示她珍視我們之間的情誼，但我還是覺得她這個舉動十分令人討厭。尤其是她明明知道我們身處在不同的世界，走了不一樣的路：她選擇了用愛擁抱這個世界，我選擇了在佛前寂滅斷愛；然而讀了她的文字之後，她的文字帶走了我的心、搖晃了我的信念，覺得眼睛暖暖溼溼，喚醒了一個人對愛的記憶。

向海致敬

有些傳奇可能一生遇不上一次，因此稱之為「傳奇」。它可能是一個人的故事；它也可能是一個突如其來的想法，就像「向海致敬」，一開始或許是夢想的實現，未來，它會成為傳奇。

大概兩年多前，學弟跟我說他們要集資去馬來西亞買一艘二手帆船，問我要不要一起。像我們這樣長年生活在花東，熱愛海洋，每年的夏天都乘著船出海、在海上追逐鯨豚的人來說，擁有一艘帆船是我們一生的夢想。這樣一個不切實際的想法，學弟竟然要把它化為現實，想來就覺得不可思議；這個夢當然一定要參上一腳，於是我想都不用想就答應了。

學弟開始計畫展開他的世紀壯遊，親自飛去馬來西亞把我們的帆船開回來。沒想到就在他請好假、做好計畫、整裝待發的前一天，新冠病毒的疫情大爆發，馬來西亞宣布鎖國，外國遊客不得進入，我們的帆船因此困在馬來西亞蘭卡威的碼頭上，多停了一年多。於是我落入一個窘境，就是已經付了大筆的金錢，卻連帆船的一個影子都沒有看過，然後這一年多來，每個月帆船的停泊費，請人整理帆船的管理費，就好像是把錢拿去燒或是把錢丟到水裡打水漂一樣，簡直浪漫到無法想像。

直到今年初，馬來西亞有限度的開放外國的商務旅客入境，在當時疫苗還沒打的狀態下，學弟他們決定冒著生命危險，運用滿腦子的醫學知識，頭戴防護面罩、口鼻罩著N95的口罩，身穿猶如兔寶寶裝的防水隔離衣，簡直就是以醫療最高等級的防護裝備坐飛機飛到馬來西亞。整個過程中，他們不喝水、不進食，甚至為了避免穿脫防護衣，所以包上紙尿布，歷經千辛萬苦之後，終於抵達馬來西亞的蘭卡威，見到我們的帆船。

但是帆船已經因為一年多沒有航行，船上的機械多有故障，而且馬來西亞有限度的管制封城，所以找不到工人修船，也沒辦法自由地出門購買器材，所以只好從網路上購買；但是光郵寄消毒卻又不知道耗掉多少時間，最後耗盡心血才把船修好。接著開始在海上航行，整整花了一百多天，航行了四千多公里，才從馬來西亞把帆船親自開回到台灣；這整個過程真的是史詩級的壯遊，這中間的遭遇簡直可以拍成電影。為了彰顯台灣四面環海、海洋立國，應該勇敢向外探險，學弟為帆船取了一個熱烈的名字，叫作「向海致敬」。

我曾經幻想著在花蓮的夏天，乘著風揚起帆，沿著黑潮順流航向北方，跟大夥一起航行至清水斷崖，等待著鯨豚躍出水面換氣；跟隨著牠們拍起的波浪，我們帶著水下攝影機跟著鯨豚躍入海中。或是在某個滿月大潮的夜晚，我們趁著夜色出航，看著月亮從海平面升起，將大海照成一片波光粼粼的樣子；或者我們躺在船頭的甲板上數著天上的星，或者坐在船尾，把酒言歡，或者有人坐在船舷，船身前進時激起的浪花潑在我們身上；或者當我們老去，我們決定放下工作一路航向南半球，經過澳洲、紐西蘭抵達東加，在那裡的秋天，我們追著大翅鯨拱背躍身擊浪，跟隨著鯨魚的歌聲下潛至海底最幽深黑暗之處，那時候我們會發出會心微笑，我們已經不負此生、不負青春。

我後來才認識了我們的船長嘉峰，我覺得他也是一個傳奇的人物，一生熱愛海洋，曾經用人力划獨木舟，越過黑潮，花了不知道幾天幾夜的時間，終於抵達石垣島，證明了遠古的時代，石垣島的移民可能都是從南洋用獨木舟漂洋越海過來的，這是有可能辦到的事。我覺得他的生命就是一本海洋的教科書，對於海洋、帆船、還有風的故事，無所不知，無所不曉。他後來才告訴我說，這一次從馬來西亞回來的航行，他們都有死亡的準備，因為這中間會通過菲律賓海域，那邊海盜橫行，他們還因此帶了一萬多美元的現金，想說到時候就給他們，只要命保住就好。但或許是因為鎖國，連海盜都沒辦法出海，所以一路平安。

假如有人想要聽聽船長說起他的傳奇故事，體會帆船航行在花東海洋的感覺，看著日出的光照在清水斷崖的岩石上，在花東以東看著我們的國跟土地，或者是找一個淺淺的海灣下錨，在船上一宿，我想我的學弟跟嘉峰船長他們，一定會很熱情地歡迎你們，一起參與體會大海的文化、生態，還有向海致敬。

後來的我們

生命裡可能有些人只有擦身而過的緣分，卻在心裡烙下了痕跡。但是，生命還是會有不同的理由、不同的場景，持續不斷地被推著走；只是在你不斷被推著走的過程中，依然一再頻頻回首。

民宿中的一間房間，有一面滿滿的書牆，上面擺滿了我從大學時代以來陸陸續續讀過的書；雖然這些書後來大都再也沒看過第二次，但是每一次搬家，不管搬到多麼遙遠的地方，我一定都會帶著這些書。這些書就好像我走過青春歷程的見證，儘管沒再看過，卻怎麼樣也捨不得丟掉。

這些書放在民宿裡，我也不太管它，就讓來訪的客人自由取閱，他們想看就拿下來看，只要記得放回去就好。直到有一天，有一個客人怯怯地跟我說：「老闆，我覺得你那些書可能要稍微整理一下……」

我當時還很天真，我說我書整理得很好啊！書一本本都躺著，很整齊。

結果客人說，書裡面有一些很私人的東西……

我聽了之後，臉一陣青一陣白……

於是我才突然想起來，我大學的時候看書有一個習慣，就是書看到一半的時候，會隨手拿起當時女友寫給我的卡片或是信札當書籤，夾在書裡面當作讀書讀到這裡的一個標誌，時間久了可能有些卡片就忘了拿出來；所以那滿滿書牆裡的某一本書或是某一些書，裡面有著我的私人信札，甚至我想有些書可能還夾著我當時女友的照片，有幾本書甚至是當時她送給我的，裡頭說不定也寫了滿滿的情人間的絮語，於是這一切關於年少時愛的記憶不斷地翻湧出來，把胸口填得滿滿。

於是我不得不爬上民宿的二樓，看著那滿滿的書牆，竟然有點不知所措，先不說要怎麼從那滿滿的書牆裡，挑出那幾本剛好裡面有我私人信件的書；更重要的是，我好像也沒有勇氣一本一本的逐一翻過，每翻過一本自己年少時候看過的書，就好像要重新審閱一次自己的青春，那些已經逝去的記憶，已經被埋葬的往事，那些不想要記起來、卻也捨不得忘記的事，又會不斷地翻湧出來。我甚至都不用看，也不用去尋找，只要閉上眼睛，就可以記起書架上有一本書叫作《黑白巴黎》，一本關於巴黎左岸咖啡館的攝影書籍。我還記得當我看這本書時，也正坐在一家咖啡館裡，女友就坐在我的對面，她看著她的書，我看著我的書；我一邊翻書的時候，一邊對著她說著有一天我會放棄醫師這個工作，我會成為一個職業攝影師去浪跡天涯之類的夢。

而夢通常都很遙遠。

時間經過了二十年，現在回想起來，都已經不記得我們當時為什麼會分開了，我們是為了什麼樣的理由爭吵、衝突，然後讓曾經覺得最重要的感情慢慢地隨著時間淡去……當初那些讓彼此爭執，自以為人生再也沒辦法牽手一起走下去的理由，現在竟然一點也想不起來。有時候你也很懷疑，假如有一個理由，在餘生裡你再也想不起來，是不是代表著這個理由其實也沒有那麼重要，一個並沒有那麼重要的理由，為何可以讓兩個曾經如此親密的人，從此走上不同方向的路？

後來，我跟很多位女孩又談過戀愛，愛過、被愛、分開，這樣的故事一直反覆，我現在其實過得也很好，開很好的車，住在很大的房子裡；雖然過得很好，但是生命裡有些人，雖然跟你只有短短的緣分，但是在你心裡，你卻永遠也沒辦法忘記。當然我也知道，有些事必須放下，人生才可以繼續前進，就算你不願意繼續前進，生命還是會有不同的理由、不同的場景，持續不斷地被推著走；只是在你不斷被推著走的過程中，依然一再頻頻回首。

人的心原本就像平靜無波的海水一樣，但是一念起妄，所以有虛空、有大地、有眾生、有果報，世間的每一個山川、大地、人物，都是你自己的心所想出來的波浪。

續命

大概半年前我就注意到父親怪怪的，我發現他瘦了很多，身形有一點變成我們醫學上所謂的惡病體質（cachexia），我問他有沒有哪裡不舒服，要不要去醫院做檢查？他連理都不理，我想起他曾經跟我說假如他怎麼了，他要死在田裡，不要把他抓去醫院開刀，所以我就由他繼續任性

直到兩個星期前的一天晚上，我在做晚課時，母親突然打電話給我，說父親頭暈不舒服，一直噁心想吐，叫我回家載他去急診。我回家後看到他趴在床緣拿著垃圾桶狂吐，我要帶他去醫院，他還是不肯，覺得只是吃壞肚子睡一覺就好。因為頭暈有可能是中風的前兆，我評估了一下他的狀態，覺得中風的機會不大，就只好繼續等到隔天早上。

隔天早上起來，症狀並沒有改善，因為他之前就有耳石掉落的問題，我決定帶他去看耳鼻喉科門診，父親因為關節退化，平常走起路來一拐一拐的，我叫他拿拐杖走路，他也不要，但是這次到醫院，他竟然願意讓我推著輪椅帶著他到處去檢查，可以想像這次他有多不舒服，連站都站不起來，倔強如他，現在也終於願意承認老去。

結果這一次看起來也不像是耳石的問題，醫師建議轉到急診室做進一步的評估，結果到了急診室之後，才發現他的血色素只有七．九。

父親四十多年前的時候，就因為胃出血做過胃切除手術，半胃切除的病人因為營

養吸收比較不均衡，所以會有某種程度的貧血，但是也不可能低到這種程度，於是我開始幫他安排各種檢查，尋找可能潛在的出血點，因為在醫院還有一些殘存的人脈關係，每個科的技術員都對我非常好，他們在滿滿排程的縫隙裡，硬擠出時間來讓我的父親檢查，所以我在兩天之內就把一般病人要花兩個星期的檢查都做完了，我當時心裡一直想著，難道我這一生之所以成為一個醫生，就是為了在這個時候可以照顧我的父親，我想起了《地藏經》裡面，描寫目蓮救母的故事。

他做內視鏡檢的時候，我親自幫他麻醉，我期待他只是因為潰瘍或是痔瘡慢性出血，但是當內視鏡伸進去胃時，我的世界瞬間毀滅，我看到一個巨大邊緣不規則的肉芽組織，中心有一個潰瘍正在出血，這種邊緣不規則的肉芽組織，惡性的機會非常高，就像一個張牙舞爪的怪獸，正在啃噬我父親的生命，我突然意識到我們兩個這一生作為父子的因緣即將結束，我心中如鋼鐵般的巨人就快要倒下。

腸胃科醫師幫父親做了切片檢查，同時很體貼地打電話給病理科醫師，請他優先幫我父親看病理報告，病理報告如預期是惡性，這是一種半胃切除之後的併發症，胃跟小腸交界處會因為酸性的胃液跟鹼性的腸液反覆輪流侵蝕，導致細胞發生變異，最後時間夠久之後就轉化為癌症。

我開始幫父親安排住院，在路上我遇到了副院長，我們小聊了一下，才知道父親為了我的問題前一陣子還去找過副院長，叫副院長勸我回去上班，我想起我推著他走過醫院的長廊，也有一些病人同他一樣，坐著輪椅在候診區裡候診，在那一剎那，每一個病人的臉孔都變成我的父、我的母，我想起師父曾經跟我說：「這一世的家人，下一世就是陌生人，現在的陌生人，下一世就是家人，無始劫輪迴之後，眾生都是我們的父我們的母，都是家人。」現在我的父親跟那些病人一樣都需要救治，而我就有能力可以幫助他們，這是我離開醫院，念佛念法念僧以來，第一次升起了回醫院工作的念頭。

要手術的前兩天，我本來要親自帶他去住院，沒想到另一家醫院的麻醫因為確診被隔離，臨時要我去幫忙，我想說那家醫院的手術本來就不多，假如動作快一點，我應該來得及下班再帶他去醫院。沒想到那天急診手術一直加，我根本沒有辦法回去，我媽媽打電話來說他們會自己去住院，我心裡突然浮現一個念頭，想到自己身為人子，又是一個醫生，我竟然連自己帶他去住院這樣一個小小的心願都沒辦法完成，他又要自己拖著腳，走過那麼大的醫院才能找到自己的病房，而且我早就發現他生病了，我好懊惱半年前沒有堅持他一定要去醫院檢查，讓他的病情失去治療的先機，想到這裡，我就在開刀房的更衣室裡痛哭起來。

要手術當天，我陪他在開刀房的前區等待，等待的時間很漫長，我們父子兩個都沒有說話，有些來來往往的護理師認出我來，跟我打招呼，我推他進開刀房，等到一切都準備就緒，我跟他說：爸！要睡覺了，醒來的時候一切就都好了。這一次我並沒有親自幫他麻醉，因為這不是一個小手術，我沒辦法親眼看到父親被割截身體，那天幫他麻醉的都是我的學弟，都是我親自帶出來的學生，那是一幅看起來特別感恩的景象，我當初當他們老師的時候，從來沒有想過有一天他們會成為我父親的麻醫，我相信我把他們教得很好，所以也很放心把父親的生命託付給他們。

我交代了學弟幾句話，他叫我放心，他會照顧我父親，就好像我平常會跟病人說「在你睡著的時候，我們會保護你」，沒想到有一天，我會從學弟口中聽到類似的話語，我離開了開刀房到恢復室去，在那個瞬間，我變回了一般病人家屬。

手術的病人睡著了，一切就不知道了，但是在外頭等待的家屬，心裡浮現著各式各樣可能的情境，我曾經幫無數的病人麻醉，見證過各種病人的併發症，也看過無數的死亡，這時候當一個病人家屬，我們有我們的軟弱。

所幸手術進行得很順利，結束的時候我進去幫他拔管，他在一種幾近無痛的狀態下醒來，有一點躁動，但是生命徵象穩定，要離開恢復室的時候，雖然還是講不出話來，但是已經可以用大拇指向護理人員比出感恩的手勢，我看到那個畫面實在是激動不已。

整個過程他其實並沒有經歷很大的苦處，一直到術後二十四小時，他下床活動時才跟我說肚子有一點怪怪的，好像快要痛起來，我幫他打了一支得術泰（dynastat）做止痛。我想起幾年前，剛開始跟學弟用神經阻斷術發展術後止痛時，學弟曾經跟我說：我改變了花束手術後止痛的方式……我當初在設計那些止痛流程的時候，也沒料到有一天自己的父親會得利於自己設計的制度，現在回想起來，成為一個麻醉科醫師真是我一生做過美好的事。

手術後第三天他開始嘗試進食，一開始還好好的，但是大半個胃已經切除，第五天時開始出現脹氣，腸胃蠕動不佳，吃不下東西……他的精神不太好，常常兩眼無神對著天花板發呆，我開始想是不是一個人知道生命快要終結，都會出現那樣的表情？《地藏經》裡面有一段對地獄餓鬼的描述，餓了吃鐵丸，渴了飲鐵汁，有些咽喉極狹，像針一樣細，什麼都吃不下，我覺得佛教經典裡面描寫的一切都是真的，其實真有地獄，地獄未必死後才可以遇見，地獄就在醫院裡面，假如可以的話，我願意代受父親所有一切苦難。

我跟父親說我們回家吧！我看傷口還蠻乾淨的，回家看看家裡旁邊的稻田，還有民宿窗外的山景，說不定心情也會好一點，多下床多運動也可以促進腸胃蠕動，我以為他應該會急著想要回家，沒想到他竟然回我說：想多住幾天，好一點再出院，其實我非常驚訝，兩個星期前那個就算已經很不舒服，也不讓我帶他來醫院的父親，現在竟然不想出院，我覺得他應該真的有不舒服，經歷了這輩子無法想像的事，應該有嚇到。

我守護他的這一段時間，常常想起我們的事，小時候他帶我去過的地方，他怎麼犧牲自己的人生來成就兩個小孩。有一次他出車禍，戴著頸圈躺在醫院的病床上，我跟哥哥去看他，那時候我還讀國中，哥哥讀高中，我爸竟然跟大哥說：假如有一天他怎麼了，叫我哥放棄學業去工作，然後好好照顧母親，讓弟弟去讀書，因為我在國中時就已經展露讀書的天分，父親覺得我將來的人生一定大有可為，我哥身為長子，所以父親就叫他擔起全家的責任，我覺得當時他那樣講實在對大哥有點殘忍，但是那就是他展現愛的方式。

佛家的修練在於減少念頭，但是父親生病這段時間，我偏偏不斷在心裡浮現各種場景，我想起曾經問過師父為什麼出家？佛陀制定戒律的時候，出家要父母同意的，父母怎麼會同意這種事！

師父回答說：出家是為了報父母大恩，假如我不出家的話，我就只能像世俗的小孩一樣，在父母年老生病時奉養他們，但是我出家後，我的父母都皈依三寶，假如我不出家，他們就不會信佛……我一連問了好幾個師父，幾乎每個師父都是這樣回答。

於是我又想起了父親這一生，他雖然相信世間有佛，但是他對佛教只有淺薄的認識，每次他發表對佛教的看法時，有時候都跟謗佛謗法無異，我都會嚇出一身冷汗。謗佛謗法是要入無間地獄的，我又想起目蓮救母的故事，他犯下的業力就由我來消吧！假如他不能念佛，那就由我來幫他念！從他生病以來，我每天都把我認識可以消災延壽的經典咒語，所有我所知的一切，都迴向給他。

父親到底用他的生命教會了我什麼？

佛教對這個世界的解釋是這樣的，師父說：你作過夢嗎？在你的夢裡是不是一樣有山川有大地，有你自己，也有朋友有家人，這麼多的角色卻都是你一個人的心所幻化出來的，而且你在夢裡的時候，是不是也覺得非常真實，真實到醒不過來，假如是惡夢的話，是不是真的也嚇出一身冷汗？

「你現在就是處在一個夢裡⋯⋯」

人的心原本就像平靜無波的海水一樣，但是一念起妄，就好像原本平靜無波的海水起了波浪，因為有了妄念，所以有虛空、有大地、有眾生、有果報，世間的每一個山川、大地、人物，都是你自己的心所想出來的波浪，波浪離不開海水，海水卻也不是波浪，一切都是唯心所造，父親的角色其實並不真正的存在，是你的心所幻化出來的波浪，穿著你想像中所謂「父親」這個名相的衣服。

現在父親這個念頭的波浪，正慢慢準備退去，有緣起就有緣滅，波浪有起的時候，當然也就有退的時候，這是世間的法則，波浪退了，其實只是回歸平靜的海水，所以如來說：無來無去。

沒有來也沒有去，假如用這樣的想法去面對世界，感知它、接受它，是不是就可以帶來平靜？

父母恩重難報，我在這裡感謝所有曾經直接或間接給過我父親幫助的人，尤其是我深知在這個鄉下地方要有這樣等級的醫療，假如不是因為宗教的因素，是沒有辦法吸引大批傑出的醫療人員在這裡進駐，所以不管是精舍的師父、護持的志工、師兄師姐們，還有醫院的同事，對於所有成就此事的因緣，為我的父親延續生命，讓我們有機會在此安居，我以我這一生的身口意，還有未來無數恆河沙劫，在佛前禮拜，念佛回向給你們。

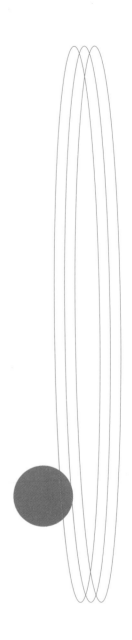

第二部

在行醫中修行；在修行中行醫

成爲一位醫師，是一種因緣；
成爲一位修行者，是另一種因緣，
不論是哪一種因緣，
最終的我，
都只是隨順因緣的人生行者。

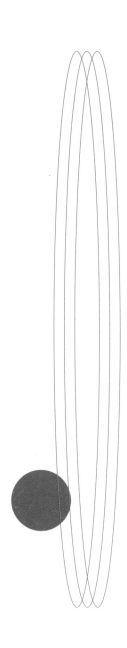

慈心護念
一切眾生

精舍的師父觀察入微、心思細膩，每每在我起心動念之前，就已經把我的需求準備好，讓我在求法的路上無後顧之憂，而師父的慈心護念，更是能讓我重新得到力量，起不退轉之心。

我對佛教的著迷，已經超過一般人對宗教的熱忱，不管是同事或是禪寺的師父，開始擔心我會出家。

禪寺的師父也分成兩派。有一次師父把我拉到旁邊，開門見山就說：「像你這麼年輕這麼虔誠來拜佛的，已經有好幾個案例，最後都會出家。」他大概也是怕我出家給禪寺帶來麻煩，接著跟我講父母俱在、奉養的責任，醫師救苦救世、栽培不易的社會責任……我當時內心很多畫面，想說師父自己出家，負擔如來家業，是盡更大的責任，佛經上也說較量功德，出家最勝，怎麼會害怕眾生出家……我當時想醫師這個工作真是一個極大的包袱，假如我是一個工人，師父會不會馬上就幫我落髮出家？

另一派的師父就顯得自由瀟灑，他們說：你看他禪坐的樣子，端正莊嚴，就知道累世一定做過和尚，他今生的緣只是來結的，結完了就好……言下之意，緣起緣盡，無人能擋；悉達多太子拋棄整個王國出家，醫師這個工作也不過爾爾，隨緣生滅就好。

我開始修練之後，深知出家哪有那麼容易，除了因緣要俱足之外，再來是願力要夠大，這中間體力跟意志的考驗不可思議。為了測試自己的極限，我準備要去打禪七，而我這次參加的禪七活動，並不是給一般大眾參加的，是給出家人參加的；而根據我之前參加禪二跟禪三的經驗，每一次肉身都好像死過一次，那麼給出家人參加的禪七活動是有多麼嚴酷，光想像就覺得可怕。

於是我開始準備特訓。平日的早晨，我坐完一炷香之後就不得不趕去上班，因此我決定假日在禪寺坐一整個早上。這中間八點半到九點半，是大殿打掃的時間，佛陀說打掃出坡有諸多功德，自心清淨，令他心清淨；但是醫師工作真的是個包袱，平時我每次要幫忙打掃，師父都很客氣，不讓我幫忙，所以我決定這段時間要去旁邊的7-ELEVEN吃早餐，吃飽之後，剛好大殿也打掃完，我再回來禪坐。

沒想到師父心思細膩，我在做什麼打算，其實他都看在眼裡；打掃的時間一到，師父直接跟我說已經幫我準備了一碗素麵，叫我直接去齋堂用飯，吃飽之後再回來禪坐。

佛陀肉身滅後，師父代表著佛陀法身不滅，除了傳播佛法、教化眾生之外，另一個重要的工作就是護持眾生，護持眾生心裡佛法的幼苗可以增長茁壯；而精舍的師父之所以厲害，在於他們觀察入微、心思細膩，每每在我起心動念之前，就已經把我的需求準備好，讓我在求法的路上無後顧之憂。每每我身心疲憊，道心退轉之際，想到師父慈心護念，便可以重新得到力量，起不退轉之心。

護持

我一生都沒有離開過佛教，但也始終沒有把修行當成一回事，而今開始修行後，才知修行是護持，是考驗，是不離心的一種生活實踐。

經過一個多月的拜佛禪修之後，我開始慢慢明白，為何證嚴法師會說出家是提前把地獄搬到人間來試練自己，而我還只是個半吊子的修行者，就已經覺得禪修猶如地獄。

拜佛禪坐之後，我每天都覺得筋骨關節被嚴重拉扯，四肢百骸痠痛異常，像要散去一般，不曉得佛經所謂的拜佛禪坐最後終會通向輕安，這輕安到底在哪裡？尤其是禪坐時，單盤明明就比較簡單，比較容易將心思集中在呼吸上，但是師父卻告訴我一定要雙盤；雙盤的腳像做了一個繭自縛，根本就痛苦異常，心思跳躍散亂，無法將心思集中在呼吸上。真不知道為什麼師父說一定要雙盤？

我的老師曾經告訴我，修學佛法，第一要無我，放下自我、消滅自己的認知；因為佛法所講的都是你無法想像、不可思議的範圍，只有先放下自我，放棄之前所有的認知，我跟你講什麼，你就要先相信，相信了先去做，因為你不到那個程度，不管我跟你說什麼，你都無法體會的；等你有一天真的到了那個程度，才會明白我說什麼……老師既然這樣說了，我就只好先雙盤，痛苦地開始做起。

他說修行就像是走在一條路上，路的兩旁都是劍，劍就好像是戒律，這個也不能做，那個也不能做，只要你稍微走偏一點，就會被劍刺到；如此戰戰兢兢，就會一直走在正道上，而等你到了道路的終點時，你就會感到自由。那時候你就覺得很納悶，戒律那麼多，這個也不能做，那個也不能做，為何終點會通向自由？

花蓮的冬天又溼又冷，我有時候早上起來覺得累了，就想說今天是不是應該跟佛祖請假，不要去做早課了？

做早課的課本一般是放在大殿的某一個抽屜裡，但是大家拿來拿去，到底在哪一個抽屜裡，有時候我也不知道，而大殿是神聖的，我也不敢到處翻抽屜，當找不到課本時，就要麻煩師父拿給我。直到有一天，我發現我去做早課的時候，課本已經拿出來放在我平常拜佛的位置，如此日日如是。

當我覺得心弱的時候，想要請假，只要想起師父已經幫我把課本準備好，放在桌上，想到這裡就不得不爬起來；這某種程度是不是也是受到諸佛菩薩顧念，因為知道師父的貼心護持，我就不會退轉？

師父的貼心不只這些。榻榻米做的蒲團坐墊，非常粗糙，跪久了膝蓋破皮長繭，無法久跪，我記得治療疼痛的書上其實有寫，拜佛長跪的人最後膝蓋會得到一種病，好像還有一個專有名詞形容這種疼痛；但是我已經忘了那個叫什麼，我只想說等我有一天得到那種病的時候，應該也表示我快要成就了。尤其是我的右腳，受過舊傷，每次跪下去的時候都會喀拉一聲，我都想說會不會有一天，我的十字韌帶就這樣斷裂？不過到那時，我還是相信我已經成就了。師父大概都是過來人，知道這樣下去不行，後來給了我一個瑜伽墊，果然鬆軟舒適很多，然後修正了我的拜佛姿勢，讓我可以看起來更加莊嚴。

禪坐的時候不能吹風，但是冬天的時候，東北季風會從大殿吹進來，但我不敢自己擅自去動大殿的門窗。常常我一個人靜坐的時候，師父看到我，甚至會幫我關上門窗；他們雖然平常不會跟我說話，不會打擾我禪坐拜佛，但是每每在關鍵的時候，我都好像一直被保護著。

我吃素之後，體重下降得非常快，不到一個月就掉了七公斤。一開始我還想要挑戰奶蛋不吃，但是我每天都軟軟的，全身無力，體脂肪、肌肉蛋白掉得非常快，後來才不得不改回來吃一些奶蛋。我現在對不吃奶蛋、甚至過午不食的師父，佩服到五體投地，他們的心志怎麼可以這麼有力量。

師父慈悲，悲憫眾生，知道我吃素，常常塞一些食物給我，說營養一定要顧，尤其你當醫師需要體力，病人才能得到照顧；食物用來滋養肉身，有體力才能夠用來修行。之後就說禪寺的師父平常都是吃這些來保持營養，所以就常常會塞一些食物給我。

有幾次離開禪寺的時候，剛好遇到住持出來，她每次看到我都很開心，說我護持精舍、三寶，這麼年輕每天都來拜佛，非常難得；有一次還很激動地握著我的手，跟我說：你一定要堅持下去……

有時候覺得自己很幸運，我一生從來沒有離開過佛教，但是也從來沒有把修行這件事當作一件認真嚴肅的事來思考，然後有一天突然被雷打到，慢慢的這些就變成生活，而一路上還有這麼多人幫助，就像有諸佛菩薩護持一般。

山上生活

在山上做什麼？其實就是吃飯、睡覺、打掃。在山上和在山下是一樣的，那是生活，是常態，唯一不同的是靜心，靜了心的生活。

「山上生活極好。」

一年前我的表哥這樣跟我說：「山上生活極好，每個月精舍會發給每位師父一千元零用金，然後需要什麼就去庫房，只要簽個名就有牙膏跟牙刷。」

我要出發閉關前，一個朋友問我去山上都在做什麼，我說：誦經、禪坐、禁語。

朋友：「禁語……只有你一個人去嗎？」

「沒有啊！很多人。」

「很多人……是要怎麼禁語，很多人的時候不是都在說話社交？」

「山上修練的生活講究攝心，眼根不與外界相應，對一切自然就視而不見，視而不見當然就不會說話。」

朋友：「我的媽啊……」

朋友發出一聲喟嘆。

我後來覺得我不應該這樣回答，因為我這樣講，讓人家對佛法產生誤解，心生畏懼；我後來想想，我應該回答：「山上生活就是吃飯、睡覺、打掃。」

因為這就是生活，禪宗講究該做什麼的時候就做什麼，所以公案裡面常說：喝茶、吃飯、洗缽去，這些就是構成生活最基本的活動，每天都要做的，山上的生活其實跟山下的生活也都是一樣，只是山上生活講究靜心，但是基本的生活模式並沒有改變。

到山上的時候，每個人分配到一個床鋪，大概就是三呎六呎的大小。睡在硬木板上，空間就是頂多可以讓你多放一個袋子，放置私人物品；不管你是什麼人，在山下是大公司的老闆還是一個市井小民，在這裡眾生平等，每個人的床位都是一樣大小，再加上禪堂裡一塊蒲團的位置。

在疫情嚴重的時候，家裡民宿都沒有生意，我曾經想過應該要把民宿改成我私人生活空間，把一個房間改成健身房，一個房間改成影音視聽室，一個改成書房，最後還有臥室，每個空間都有不同的功能。但是我開始禪修之後，所需要的空間越來越小，這個想法也就作罷，就好像千利休把茶室設定為四疊半榻榻米的大小，在這個狹小的空間裡，卻蘊含著禪宗侘寂幽玄的奧義，空間越來越小，心卻越來越廣。人生活在這個世上，不就是或坐或臥，一張睡墊、一塊蒲團，你能需要多大的空間？

睡在硬木板上鋪上一層軟軟的墊子，沒有鬆軟充滿彈性的獨立筒彈簧床，某種程度就是要讓你睡得不太好，睡得不好就會早起，目的是要你珍惜生命，不要貪睡，這種精神聖嚴法師在日本東行的故事裡面提到過，《雲水一年》的作者所寫到的也是一樣。

日本冬天非常寒冷，永平寺所提供的棉被卻小到不足以裹身。其實這棉被本來就不是讓你蓋的，只是讓你稍微披著，就是不讓你睡，整夜禪坐，目的都是一樣，珍惜生命，人身難得。

在禪寺裡面連吃飯都有規矩。吃飯稱為「過堂」，師父說吃飯就像飛鳥飛過一樣，在空中了無痕跡，飯只是用來療飢，只有能不能吃，沒有好不好吃，吃過了就沒有了，不能懷念口中食物美不美味、增長貪戀。這其實說難不難，說易不易，在這之前，我相當討厭吃稀飯，但是在禪堂每天早上都是吃稀飯，吃飯前還要唱誦「粥有十益，饒益行人，果報無邊，究竟常樂。」

其實我也不知道粥有哪十益，我只知道我從小就不愛吃粥，但是在這裡就是要降伏自我，不管你愛吃的不愛吃的，都要吃下去。所以每一種菜都要夾一口，也不能多吃，喜歡的菜不能夾兩口，不然就是貪戀，喜歡的夾一口，不喜歡的也是夾一口，不起瞋恚，降伏貪戀。

吃完早飯，接著出坡，出坡就是大家共同打掃精舍，我最愛打掃精舍大殿前的院子，那裡有很多落葉，打掃亦是修行，其實在精舍沒有一件事不是修行。佛陀時代有一個聖者周利槃陀伽的故事，說周利槃陀伽因為不太聰明，被他的哥哥放棄，覺得他無法成就，教他的偈頌都記不起來，認為他應該還俗。連自己的哥哥都放棄了，但是佛陀並不放棄，佛陀告訴他說：你就每天打掃，打掃的時候就念「掃去塵、除去垢」；掃著掃著，周利槃陀伽聖者一日突然開悟，佛陀要他打掃並不是真的打掃表面的塵埃，而是要他掃去心裡的塵垢煩惱，周利槃陀伽因而證果……因為這個故事，我的師兄還曾笑說：精舍裡面最厲害的不是廚房煮飯的，就是打掃的——六祖是煮飯的，周利槃陀伽是打掃的。

假如可以的話，我想要永遠留在這裡打掃。經過一年我終於明白，我的表哥所謂的，在山上生活很好的意思：這裡什麼都不需要有，卻什麼都有。禪修雖然辛苦，每次我都覺得四肢百骸好像快要散去，靈魂要離開肉身，但是心裡卻是滿足的。

成佛的故事

我正處於人生最好的階段，我還年輕，事業有成，名與利都雙收，我的位置讓我能輕易的決定一些事，也可以讓我越來越靠近權利鬥爭的中心點，為了保持自己的真心，我決定停止，然而，這一切卻沒有想像中容易，人要過著自己想像的理想生活似乎非常遙遠。

兩千多年以前，釋迦牟尼佛拋棄了整個王國出家，世間因而有了佛法。

師父有一次說法，說起了釋迦牟尼佛成佛的故事，佛陀在菩提樹下靜坐，發誓不開悟不離此座，四十九天之後佛陀悟道，觀眾生過去世的種種，發現了因果律。眾生因為種下了種種顛倒夢想、輪迴生死的因，是故受輪迴生死的果報，永無解脫之日，要能夠永斷生死就必須「無生」，沒有「生」這個因，就不會有「滅」這個果，無生就能無滅，為了達到無生，就必須逆著眾生的根性，不再種因，逆著回去修行；所以眾生會做的事不要做。

那眾生到底會做什麼事？

師父接著又說了另一個故事，佛陀時代，有一個人誤信了邪教，以為殺了一千人就可以悟道，所以他見了人就殺，大家知道他一直殺人，所以就遠遠避開他，結果他殺了九百九十九人之後，再也碰不到其他人可以殺。

佛陀知道了這件事，見因緣成熟，決定渡化他，就來到他的面前。他見到佛陀便起殺心，佛陀走在前面，他在後面一直追著佛陀跑，但是不管怎麼追都追不上，最後他累了，只好對著佛陀大喊：快停下來！快停下來！

佛陀停下來轉頭對他說：我已經停了，是你還沒有停……這個人聽到佛陀所說的，恍然大悟，放下屠刀，馬上證果。

逆著眾生的根性修練，眾生做的事情不要做，停止世間的追求、放下所緣，就能悟道。那我該何去何從？

我決定跟隨佛陀的腳步，但是我並沒有王國可以拋棄，我能拋棄的就是我的事業，事業就是我的王國。

又有一次，師父說了另一個故事。有一個村落謠傳森林裡有黃金，但是村民都說森林很危險，不要去。有兩個人知道了這件事，他們只聽進去了森林裡有黃金，卻沒有把很危險這件事聽進去，於是他們準備了工具跟食物，準備到森林裡挖黃金。

沒想到他們真的在森林裡找到黃金，其中一個人想要獨吞這些黃金，就趁另一個人不注意時，用工具打死了他。後來準備運走黃金的時候，這個人突然覺得累，就開始吃他們準備的食物，沒想到吃著吃著，也跟著死了。因為這個食物裡面有毒，原來被打死的那個人也想要獨吞黃金，所以在食物裡面藏了毒。

這個故事告訴我們，名利裡面蘊藏著看不見的危險……眾生只看到森林裡有黃金，卻沒聽到很危險這三個字。

師父曾經說過，佛陀的弟子大多是在苦難中覺悟，因為體悟了人生的諸多苦楚，所以才想要修行出離人生諸多苦楚，而只有少數的弟子是大富大貴仍然決定出家。為什麼大富大貴仍然決定出家，因為他們知道這中間所蘊含的危險，就好比這個故事一樣，富貴名利最後都會讓人迷失。

而我正處於人生最好的階段，我尚未老去，事業有成，名與利都雙收，但是我覺得站在這個位置非常可怕，我在科裡面擔任主管，可以輕易的決定一些事，然後這些事會影響很多的人；我想用哪一個產品，哪一個產品就會大賣，我不喜歡哪一個產品，這個產品一個都賣不出去。醫院裡的權力鬥爭比想像中的嚴重，想要弄倒你的人一堆，就好像電視影集《白色巨塔》，雖然戲劇為了收視率有拍得比較誇張，但是其實真實的醫界也離那樣的劇情不遠。所以為了保持自己的真心，我決定停止。

我寫了一封長信給老闆，告訴他我要辭去主管的位置，改任兼職，可以有多一點的時間去精舍。我原本以為他會被我文情並茂的書信所感動，沒想到他似乎連考慮都沒有就直接拒絕了我的要求。人要過著自己想像的理想生活似乎非常遙遠。

半日醫師 半日僧

我找了間小型的醫院，繼續做著我喜歡，且能夠對眾生有所貢獻的事，但也因為喜愛，我也必須捨棄它；我做的這個決定幾乎已經形同捨去了自己一生的努力。在佛教的修練裡面，喜歡的事情不能做，討厭的事情更要去做，直到自己的心平等為止。

人生一場大夢，我決定從這個夢裡醒來。

我寫了一封信，給我的長官還有人資，表達了年後我將去職的心意。感謝他們這些年來的照顧，能夠在這個鄉下醫院有一份工作，安身立命十多年，是我一生美好的事，我非常的感謝。雖然捨不得，但是我覺得我還有更重要的事要去做；除了當醫師之外，我的人生還有沒有第二個可能？

我在另一間小醫院找到一份兼職的工作，只要在週末的時候上兩天班，週間的時候我將到禪寺去進修，我的後半生希望可以多花一些時間在佛教相關的事上。

我的朋友曾對我說，我看到了眾生的苦難，卻也把自己坐在苦難之中。

我笑了笑。師父曾經說過一個故事，他說：佛陀有一世落入地獄，發現頭上頂著一個大火爐，非常的痛苦，所以就想要趕快離開地獄，結果他發現所有在地獄裡的眾生，每個人頭上都有一個大火爐，大家爭先恐後地想要離開而不得，於是佛陀對大家說：「把你們頭上的火爐給我吧！你們先走……」

結果，第一個離開地獄的是誰？是佛陀！為什麼？因為當他出現替眾生承受苦難的同時，這個想法已經跟地獄不相應，地獄就消失了。

坐在眾生的苦難之中，就是解脫的開始。

要辭去這樣一個工作並不容易，因為這個工作同時幫助了很多人，也帶來了好的薪水、好的社會威望，最後就是我是如此喜歡麻醉這個工作。

為了成為麻醉科醫師，我花了一輩子的時間去準備。我喜歡看著外科醫師剖開病人的肚子，夾住出血的主動脈，看著取下來的肝臟移植到需要的病人身上，或是看著奄奄一息的胎兒被婦產科醫師拉出子宮，因此改變了小孩的命運……這個工作有太多的冒險，所以才讓人如此著迷，最後也因為喜愛，我也必須捨棄它；我做的這個決定幾乎已經形同捨去了自己一生的努力。在佛教的修練裡面，喜歡的事情不能做，討厭的事情更要去做，直到自己的心平等為止。

有一次我問師父：「我以前假日的時候就喜歡出去爬山攝影，為什麼現在我只想要去精舍禪坐，有時候我甚至會覺得爬山拍照是一件很浪費生命的事？」

師父說：「那是因為你現在禪修正處於大進步的時候，有一天當你到達一個境界，再回頭過來看，再去做這些事，你會有不一樣的體會。」

這是不是就是禪宗所講的，見山不是山，最後又見山是山的境界？

所以為了看到不同境地的風景，我某種程度勢必要捨棄我現在擁有的。喜歡的事情不能做，就好像要斷去自己的一手一腳，或許自己還是有某種程度的弱點，並不能一次完全捨棄，還是需要錢跟最基本的經濟來源。於是我幻想中理想的生活典型就是：在禪寺裡面禮拜、掃地、讀經，然後接到電話有急診刀的時候，我跟佛陀及師父告假，下山來麻兩台刀。師父說：為了利益眾生，可以暫時捨下成佛的腳步……然後我且走且丟，如此過著半醫半僧的生活，直到有一天我完全成為一個僧人，或者是我證明了自己沒辦法成為一個僧人，到那時我就算回到娑婆世界，帶著佛教的訓練跟戒律，我也更能夠坦然跟自在地面對一切。

我曾經問師父：「為什麼出家？」

師父回答我說：「其實不是我選的。表面上是我選的，但是其實不是。」

他說這是因緣，在某一段時間裡，就是很想去做這件事。現在換我很想去做這件事，不管最後的結果如何，我都不會後悔。

因緣

十幾年前，我騎著一輛腳踏車，帶著一個皮箱來到花蓮，就發現這間肅穆清淨，庭院整理得乾淨漂亮的禪寺，並留下十分深刻的印象，但是我後來很少來參拜，而現在我卻以這間禪寺為修行的起始點，或許這亦是因緣。

我當實習醫師的時候，在腫瘤科病房照顧一位乳癌末期的患者，她才四十歲出頭，離過婚，離婚之後就一直在佛光山修行，這次是因為生病才下山來醫治。我那時候大概年輕，長得好看，她第一眼看到我的時候就發出讚嘆，說我長得如此端正莊嚴，將來假如能夠學佛，成就一定不可限量。我那時候就笑笑，並沒有把這件事當一回事，但是這事卻一直在我心上。

時間過了快二十年，想來那位病人已經往生，而二十年後的我每日清晨都到禪寺打坐。我在大學時期，因為學過武術，常常拉筋，所以筋骨比一般人柔軟，經過師父指導，我很快就能結全跏趺坐。禪坐的方式有很多種，全跏趺坐、半跏趺坐、散盤、金剛坐、交腳坐、如意坐……甚至腰或膝蓋不好的人可以直接坐在禪椅或是禪凳上；其中全跏趺坐是禪坐方式裡面最苦、最困難的，而我選擇了這樣的一個方式開始。

師父每每看我在大殿打坐的姿勢，都發出讚嘆說：「你看起來真的不像是一位初學者。」他們說我累世一定修過禪坐，一般人沒辦法坐到那麼靜心的模樣，甚至有另外一位師父說，我以前一定做過大和尚，才有可能坐得那麼平穩端正。

師父這樣說，我也很好奇我打坐的時候看起來到底是如何，是不是如佛陀所講的，禪坐導向攝身輕安、相貌莊嚴？相傳當禪坐到達入定的階段時，靈魂可以脫離肉身，到時候我就可以看見自己的樣子。

我上大學的時候，在學校的社團裡學古琴，老師在課堂上常常講些佛法，大學畢業後，我也去埔里的禪寺學過一些南傳佛教入門的禪修法則；我那時候年輕，雖聞佛法，但是貪圖人間種種享樂、依戀，對佛陀所謂人生苦的本質、佛法的精闢奧妙，並沒有辦法理解與體會，時間就這樣忽然過了二十年。

而我四十歲之後，回顧自己的一生，所遭逢的困境、事物、在醫院見慣了生老病死苦、愛別離苦、求不得苦，無一不驗證了佛陀所講的人生苦的本質；人生的一切在還沒有發生之前，就已經被佛陀講完了，難怪《佛經》上寫「佛陀是實語者、不異語者、不誑語者」。

我跟師父懺悔說，我二十多歲就聽聞佛法，但是當時卻不把它當一回事，常常做一些顛倒夢想的事，在佛門口流浪了二十多年，今日才開始認真想做功課。

師父說：「其實不是這樣，一切都是因緣。」

「因緣」兩字聽起來就令人又驚又怕又喜。我想起十幾年前初到花蓮時，就只帶了一個皮箱和一輛腳踏車，那時候第一個休假日，我騎著腳踏車到處亂晃，到市中心時就發現這個禪寺，當時就覺得這個禪寺肅穆清淨，庭院整理得乾淨漂亮，印象非常深刻，但是我後來很少來參拜，只有每年浴佛節的時候零星來過幾次。

但是，後來我每天早上天未亮就來禪寺做早課，跪在大殿前禮拜，師父也沒問我為何而來，為求什麼而來，他也只是淡淡地說：這亦是因緣。

你所羨慕的生活是另一個人的地獄

以往的我，陽光幽默，以為開敞篷車上班、喝上等的紅酒、吃肉質最好的和牛……才是生活；現在的我，平靜安穩，過著簡單樸實的生活，對我來說，這才是人生。

我出生的時候，父親已經吃素，接著母親跟著吃素。我生活在一個大家族裡，十幾歲的時候，表兄出家；我大學時，國術社社團老師是虔誠的佛教徒，每天起床的第一件事就是拜佛；後來我學古琴、書法的老師也是佛教徒，他上課的時候多少會談到一些佛法的事情；他的老師則是出家人，我跟他學過短暫的禪修。我在佛教醫院裡工作了十幾年，現在想想我一生都沒有脫離佛教，一直跟佛有緣。

而不管是武術、彈琴、寫字，無一不是人生的修練，佛法則是有限人生裡的無盡修練，我想我一生接觸這些東西，不管到哪裡都沒有脫離佛教，一定是有它的道理。而我環顧了我的一生，佛陀五戒：殺盜淫妄酒，我每戒都犯，於是一天醒來，我清空了家裡的酒櫃，發願吃素，早上天還沒亮就去禪寺做早課，接著再禮佛一百零八拜，然後禪坐，最後才去醫院上班。下班之後我就做一些簡單的運動，晚上則是一樣禪坐、誦經然後睡覺，如此日復一日，沒有間斷。

我的朋友知道了我的改變，都覺得不可思議，他們印象中我就是一個陽光幽默、開著敞篷車上班、喝上等的紅酒、吃肉質最好的和牛，生活非常豐富的人，現在竟然變成樸實、生活簡單，對他們來說甚至是枯燥、乏味而無趣的人。也有人覺得我變得非常可怕，好像一般人不會這樣生活似的。

我另一個朋友已經是兩個孩子的媽，有一天跟我說：我好羨慕你現在清淨輕安的禪修生活；我聽了之後不禁莞爾而笑。

我笑說：你所羡慕的生活，其實是另外一個人的地獄……

我大概可以理解她在說什麼，意思大概是說從早上起床開始張羅孩子的早餐，送小孩上學，上班，下班後接小孩，煮晚餐，可能要等到晚上十點，小孩睡著之後才有一點點自己的時間，然後那時候已經累了，什麼事都沒辦法做了，所以她羡慕我的生活。

但是證嚴法師說過，出家其實是搬地獄到人間來過生活，意思大概是說禪修的生活非常清苦，當你經過修練，地獄般清苦的生活都能感到輕安自在的時候，大概這世間無處都可以輕安自在……

假如出家是像地獄一般的生活，那禪修其實就是邁向地獄之路的過程，諸如吃素、守戒、拜佛、禪坐、誦經等等，對一般人來說，無一不是枯燥乏味而自虐的一種酷刑。在朋友眼裡我清淨禪修的生活方式，其實是我正受地獄之路般的試練。

而人一直看著別人有的，卻忘了自己手上擁有的。朋友忙碌的家庭生活，其實就是現代人平凡幸福的家庭生活方式，假如人生可以交換的話，我願意不惜任何代價過過她那樣子的生活。於是我羡慕著她的生活，她卻覺得生活在地獄；她羡慕著我的生活，卻是我活在地獄。我們兩個各自羡慕著彼此的地獄。

所以地獄是不是都是自己的心幻化出來的？同樣都是生活，有的人覺得快樂，有的人覺得不快樂……人之所以可以感到幸福平安，是對目前的生活方式感到滿意，覺得符合自己的生命期待，是不是就會感到幸福平安？反之，就是地獄。

佛陀是此生最好的相遇

禪七是身為佛教徒最基本的修練，即便是得經歷肉身像死去一次，重新投胎一般，然而，再怎麼辛苦，今世還是要出發。

那天晚上我準備入山門閉關七天七夜，那次的禪七活動本來是給出家人參加的，因為還有空位，所以讓給我們在家眾。而根據我之前參加禪二、禪三的經驗，肉身都好像死去一次重新投胎轉世；要跟出家人一起禪修，可以想見這次禪七的訓練是有多麼嚴酷，說不害怕是騙人的。

我有一次跟出家的表兄談話，他雙盤而坐，兩小時不動如山，我很想要知道那樣的境界怎麼達到，因為知道這條路終將通往人生的解答，所以再怎麼辛苦，今世還是要出發。

臨行之前，我到醫院處理公務，並幫最後一個病人做疼痛治療，同事問我要去哪裡，我說打禪七，我原本以為他們會讚嘆我為渡生死苦海，勇猛精進，沒想到他們都露出我吃飽太閒的表情。

禪七是佛教徒最基本的修練，一生至少打過一次禪七，或者說是每年至少去打一次禪七，對我們來說是正常不過的事，所以我也不懂他們為什麼會露出那種表情，於是我問他們說：那你們至少相信佛教吧？

同事回答說，《佛經》文言文看不懂，但是我解釋的白話文大概可以理解。

於是我又問：「那你們可以體會佛陀所說的人生的本質是苦嗎？相信有輪迴，人誕生在這個世間是來受報的，還有因緣論，緣起緣滅，或者無常論，一切事物都是生滅變化，沒有定相、緣起性空等等這些最基本的佛教理論嗎？」

「目前沒有辦法……」

嗯……我只能說是我太奇怪，還是我的同事們太幸運，所以他們都過著很幸福的生活呢？幸福的人很難修行。

於是朋友問我，為什麼要對自己那麼殘忍？在精舍生活諸多限制，拜佛腰痠背痛，禪坐諸多苦楚。

我說：「其實拜佛的時候，心裡祈求的是眾生都能平安，跟病人手術前祈求手術順利，安然渡過病苦是一樣的，過午不食其實就跟手術前病人禁食八小時差不多，你就想著你現在正在體會病人禁食的感覺，體會過這種感覺，你以後對病人禁食的痛苦就更能同理。」

禪坐導致全身痠麻腫痛，關節猶如遭到撕裂拉扯，跟病人手術後疼痛比起來，百分不及一。

聖嚴師父曾說，每人都種了地獄因，都要受地獄苦，出家是要提前把地獄搬來人間受苦。醫者的修練，就是把病人的苦提前拿來受的，更何況我們只是因為年輕，所以現在還不能體會人老化之後的諸多病苦，其實時間一到，我們終將還是會體會老病苦；禪坐也只是提前準備來鍛鍊承受的，當有一天苦難發生的時候，訓練我們的心能夠平靜。

「所以能對肉身殘忍的人，對眾生就能慈悲啊。」

同事：「那你有想過你要吃素到什麼時候嗎？」

主動脈：「一直吃下去啊！」

同事：「這樣不是很辛苦嗎？」

主動脈：「可是我覺得你比較辛苦耶，你知道嗎？我吃素的原因是不願眾生的生命受苦來滿足自己吃的貪欲，但是當世界沒辦法選擇，只剩下肉可以吃的時候，比如說像是在西藏或是西伯利亞等極地，蔬菜長不出來，只有肉可以吃的時候，我還是會吃啊，因為肉身必須生存，才可以用來修行，佛陀有說三淨肉可以吃，就是不聞殺、不見殺、不為我殺！

「所以我還是可以吃肉，只是我不願意吃。但是你是一餐沒有肉吃你都受不了，所以誰的心比較自由？我覺得你過得比我辛苦耶！」

犯戒

身為佛教徒，並且曾在佛前發願出家，我應該以更高的標準約束自己的行為。若是我犯了戒，在別人眼中，不僅是我個人的錯誤，甚至有可能連帶的抨擊佛教，由於我個人的行為導致眾生謗佛，或是對佛教失去信心，我就是讓他們造業，所以我不但犯戒，而且罪加一等，對我來說這就是重罪。

我犯了一個嚴重的錯誤，就是跟我的護理師吵架，而我憤怒的聲音大概從開刀房的第一個房間到最後一個房間都聽得到，當天晚上我在佛前長跪懺悔，並且痛哭流涕。

我哭泣的原因是我犯了大戒，我對此深感懊惱，覺得破壞了自己一年的修練還有對自己的承諾、對佛陀的發願。

有一陣子我內心非常平靜，護理師還對我說，現在完全都不能嘴我，因為我現在都不會罵人。但是我這一次失去理智。當然失去理智的原因很複雜，就好像醫療疏失都不是一個原因所造成，是一連串的失誤加起來所導致；這就是乳酪理論。但是以佛教的原理來說，不管什麼原因，一旦被激怒或是激怒別人，不管你是對或錯，你就輸了，犯了殺戒。

五戒裡面殺盜淫妄酒，第一戒殺。狹義而言，表面上是說不殺生，但是廣義而言，戒殺是為了護生，這護生的理念包括保護眾生的心。師父曾經一再囑咐我不可以激怒別人，也不可以被激怒，因為激怒別人是讓別人的心不平靜，是殺害別人的慧命；自己被激怒則是沒有好好保護自己的心，也形同殺了自己。所以吵架這件事，不管誰對誰錯，只要一開始就屬犯戒，更何況這世間並沒有絕對的對錯，只是觀點不同而已。

我身為佛教徒，並且曾經在佛前發願出家，應該以更高的標準約束自己的行為，而且別人也同樣會以更高的標準來檢視我。他們看到我盛怒的樣子，最後會批評我或是批評佛教，覺得我修練是假的，或是佛教無用論；因為我個人的行為導致眾生謗佛，或是對佛教失去信心，我就是讓他們造業，所以我不但犯戒，而且罪加一等，對我來說這就是重罪。

師父曾經對我說：他披著袈裟修行比我在人間修行還要容易，因為他披著袈裟，他知道所有的人都看著他跟他身上袈裟所代表的佛法，所以他更小心注意自己的威儀，免得引起眾生的反感；而他的生活在山上，干擾比較少，反而可以專心。他說像我在塵世發願的禪修者，要面對更複雜的環境、更多的誘惑，要保護自己的心更不容易……當然我知道這是師父鼓勵人的話，要像師父一樣拋棄人間種種對我來說更為困難，因為知道自己只是凡夫，體會了自己種種的弱點，想要超越人性，所以才發願禪修。但是大眾眼裡所看到的是，你是一個禪修者，怎麼還會有種種缺陷；大眾會以佛的標準來看我們，所以我更應該要約束自己，對於自己的失態，並且毀壞佛制，深自懺悔所以流淚。

依照佛教的理論，眾生身口意所造的業，是種下苦的因，因成熟之後的果報，最終會回到自己的身上，這些果報並不會消失，但是可以藉由懺悔將業報稀釋極小化。所以師父說，佛教徒的行為圍繞著四個要素，慚愧、懺悔、感恩、然後發願：對自己錯誤的行為，要能先自覺感到慚愧，有慚愧的心才能懺悔，而懺悔又分成小懺悔跟大懺悔，你可以在佛前懺悔，但是這只是小懺悔，因為只有你跟佛陀知道，跟你吵架的人並不知道你已經懺悔，所以他的心還不平靜，所以你必須當面跟他道歉，甚至是當著大眾的面跟他道歉，降伏自己的自尊，消融自我，這才是大懺悔。我有一次參加法會，結束的時候，師父突然在佛前下跪，跟大家道歉，因為他在法會中間敲錯一下引磬，但是其實敲錯一下引磬，我們根本就不知道，只是覺得那一聲梵唄唱起來有點卡卡的，影響不大；但是師父說敲錯引磬，是一件很嚴重的事，因為引響了眾生的心；師父對自己的標準是如此的高。

在懺悔之後，所犯的錯都可以變成改變自己、讓自己成長的力量，所以要感恩。感恩所有的逆境，也感恩順境；順境是助緣，逆境也是助緣，都是讓你變好的緣分，所以順境說是增上緣，逆境則是逆增上緣；懺了悔的罪，要讓它過去，就是過去心已滅。最後在佛前發願，不再犯錯，如此人生就能前進。

注定

小時候在高雄老家，佛寺裡的梵音陪伴著我好長一段歲月；數十年過後，我現在每天早上都在佛寺跟著師父唱誦經典，或許人生的所有遭遇在當下的時候無法解釋、不可體會，但是有一天當你回頭過去看，卻是覺得這一切的一切，冥冥之中，都是必須要走的。

師父說我唱梵唄的聲音很好聽，而且已經是第二個師父這樣跟我說了，於是我也開始相信自己其實唱得真的不錯。

我的老師曾經告訴我說，佛法這種東西太聰明的人學不會，要有點傻才學得會。他說學習佛法第一的條件就是要無我，因為佛法超越你往昔所有的認知，違反人性，無法分析，你要先放下自我，先相信，照經典所說的去做，有一天就能印證；聰明的人往往先入為主，會用邏輯明辨分析，很有自己的看法，沒辦法放下自我，反而學不會。我現在想想，還真的有點道理。

有一天我起床，開始想要修練人生，但是我也不知道怎麼入門，於是我就早上去禪寺做早課。一開始的時候，師父還想說這是隔壁民宿的遊客來禮佛的，也不怎麼理我，沒想到第二天、第三天、接下來的每一天我都還是去，然後我去了也不知道要做什麼，反正師父跪我就跟著跪，師父起來我就起來，完全不知道在做什麼，但是我就是這樣傻傻的一直堅持下去。

直到有一天師父給了我一本早課課本，然後跟我說現在唱到哪一段了。雖然有了早課課本，但是其實還是聽不懂師父在唱什麼，因為師父唱得極快，眼睛完全跟不上唱的速度。再來是咒語的部分，咒語是不翻譯的梵文，採用中文類似的音譯，就算你看得懂那個文字，但是梵語的發音跟中文字的發音並不一定相同，所以儘管有課本還是搞不懂在做什麼。

但是我就是這樣傻傻的站著，傻傻地跪著，然後慢慢地上網去查那些梵語的專有名詞是什麼意思，漸漸地師父的發音越來越清楚，每個字與字中間的間隔越來越大，也越來越清晰；其實師父唱誦的速度從來沒改變過，但是也不知道為什麼，有一天我就聽得懂師父的發音了，再過不久，我就能跟著唱了。

後來我才知道要唱誦經典的原因，是因為佛陀時代印度並沒有文字，佛陀肉身入滅後，阿難集結了五百位比丘，將佛陀所講過的內容，重新背誦出來，再靠口耳相傳，傳播佛法，而為了方便記憶，後人又加入音韻曲調，所以稱為諷誦經典。比丘每日最重要的功課，除了修持禪定就是諷誦經典，但是為了避免後世比丘專研音律，沉溺音色的美好而放逸內心，佛陀也同時以此深戒比丘，諷誦經典只限於方便記憶，而不能講究音色的美好。

因緣不可思議，我想起我小時候住在高雄老家，大概一、兩百公尺遠的地方有一個菜市場，市場的三角窗位置有一間佛寺，當時還沒有噪音防治的概念，清晨六點的時候，佛寺就會用麥克風廣播梵唄，那音量之大，我遠在一、兩百公尺的住家都聽得到，就這樣在佛法的唱誦聲中醒來。以前不懂，只覺得這個音調枯燥乏味，反反覆覆令人昏昏欲睡，不知道好聽，沒想到數十年過後，我現在每天早上都在佛寺跟著師父唱誦經典，耳濡目染浸淫日久，我覺得這些曲調越來越好聽，猶如繞梁餘音，在心底迴響久久不散。

或許人生的所有遭遇，在當下的時候無法解釋、不可體會，但是有一天當你回頭過去看，卻是覺得這一切的一切，冥冥之中，都是必須要走的。

拜佛念佛渡此生

我開敞篷車上下班，下過鄉，寫過兩本書，開過民宿，我甚至跟幾個朋友一起買了一艘帆船……這些經歷豐富不了我的人生，能讓我得到完全滿足的，唯有佛法和不斷的修行。

我的大學同學來找我，說：「幾個月前我還跟你一起喝酒吃肉，怎麼幾個月不見，你就拜佛戒酒茹素，現出家相？我今年剛升科主任，你也已經是副主任，為什麼不像我一樣更進一步？」

我說：「因為我知道名與利這中間所蘊含的危險。」

我想起二十年前，那時候我們即將離開學校到醫院去實習，我們坐在他家客廳，一起暢談以後自己對未來的期許，我同學說他會成為第一流的外科醫師，我說：「我會成為某個小鎮的醫師。」

二十年後，某個程度上而言，我們都完成了自己的夢想，我同學拿到EMBA、醫學博士的學位，成為科主任，我幾乎一畢業之後就到東部，幾年前下過鄉，到最偏遠的小鎮當過醫師，後來又被調回總院。我改變了花東手術後止痛的方式，發展適宜麻醉，醫院每年多賺了好幾千萬；在我的帶領下，科部經營進入醫院的前五大科，更進一步將神經阻斷術止痛帶到急診室，讓病人受傷的第一時間就能得到止痛。可能我完成了很多人認為不可能的事，所以深得長官器重。

我當副主任之後，覺得這個位置真的很可怕，每個星期都有不同的廠商來找你，我輕輕鬆鬆就可以決定這些廠商的績效。我覺得哪種商品對病人比較好，那個產品業績就會成長好幾倍，我覺得不合用的商品，一件都賣不出去。所以這些廠商會來找你，請你喝一杯咖啡，但是我也知道有一天我下台之後，這些人就再也不會來找我，都不是朋友。

醫院的同仁表面上互相合作，私底下暗中較勁，當上半個管理職之後，想要拉你下台的人一堆，他們每天無中生有，說些中傷你的話，繪聲繪影，好像他們親眼所見，我都不知道他們哪來那麼多的想像力。想要繼續往上爬，就也要踏過他們，做些違背自己真心的事，然後寫論文、念書、升等……這些事對我來說既不有趣也不自由，我深知這條路所要付出的代價。

「但是你不覺得你跟我算得上是好人了，我們當科主任之後，做的壞事算少了……」

「是……但是你知道，我們的大學同學大部分都出去開業，少數留在大醫院的，現今都成為各科主管。我選擇了不一樣的路，或許稱不上什麼傑出的豐功偉業，但是我過了一個很特別的人生，完成一般醫師都不會做的事：我開敞篷車上下班，下過鄉，寫過兩本書，開過民宿，我甚至跟幾個朋友一起買了一艘帆船，現在正在海上，等船回來，會成立一家帆船公司……接下來我除了出家修練這件事還沒嘗試過之外，我還真的想不出來自己還能做什麼，總不能去買一台直升機來玩吧……」

我寫了幾封長信給老闆，表明要去職入寺修練的心意，但是我覺得他應該連看都沒看，秒速給我退回。同學說：「有大量傷患的時候，在急診室用超音波做阻斷術止痛，這是一個簡單的概念，但是全國沒有幾家醫院做得到，你竟然做到了，任何老闆都不會輕易讓這種醫師離開。」

我想起了《長阿含經．沙門果經》裡頭的故事。

阿闍世王在滿月的時候請教佛陀，眾生各司其職，用勞力換取金錢的資糧，之後得到種種娛樂的果報，那出家人現在修練，會得到果報嗎？

佛陀並不正面回答，反問阿闍世王，假如您以前的僮僕剔除髮鬚，出家修道，您還把他當作僮僕使喚嗎？阿闍世王回答：否也，應該禮敬供養，起迎請坐。

佛陀又問：那假如大王以前的臣子，剔除髮鬚，出家修道，您還把他當作領自己俸祿的臣子嗎？

阿闍世王回答：否也！應當起迎禮敬，問訊請坐。

佛陀：那這不就是出家人修練現世得到的果報嗎？最後佛陀又說：出家修練的沙門，最後得三法明，滅諸闇冥，生大智明，所有的煩惱盡除，樂獨嫺靜……等等種種，不就是沙門現在的果報嗎？

阿闍世王回答：如是，世尊！實是沙門現得果報。

我很多朋友不懂我現在為何要這樣生活，他們說我像苦行僧一樣，就好像《沙門果經》所講的，眾生只看到修練的苦，無法看到修練之後所帶來的寂靜喜樂。佛法，如人飲水，只有真正經歷的人才能理解，為什麼守戒最終通向自由，禪坐最後獲得輕安；為什麼幾口素飯、一部經典、一個蒲團、幾句彌陀，如此簡單，生命就能感到滿足。

背向娑婆世界

我總是一個夢堆疊著一個夢，以追求擁有更多來達到滿足，覺得這樣才是幸福的人生，但是追求擁有更多來讓自己滿足卻是永遠都嫌不夠，於是我決定要停止，那種「止」的習慣會一直持續，綿綿相續，每當升起了一個想法或是一個念頭，你都會多花一些時間去觀照，重新審視這樣的想法或念頭是不是符合佛教所謂的正法或是正見。

每天早上我都在精舍大殿，面對著佛陀結跏趺坐，這時候我的背剛好背對著山門，山門外就是娑婆世界，背對著娑婆世界，以不滿足個人自身的欲望為修練。

有一部電影中文翻譯成「色戒」，女主角是鍾麗緹，不是李安導演的那一部，電影真正的名稱叫做Samsara，意思其實是「輪迴」。這部電影相當有趣，裡面好幾句經典的對白發人深省，其中一句是師父對著他的弟子說：你是要滿足五百個欲望，還是要克服一個……

你要滿足五百個欲望，還是要克服一個……當電影演到這一幕時，簡直是演到我的心坎裡，我開始回想我的一生，好像都被這一場電影演完了。我從來都沒有對自己感到滿足，我不斷地追求人生的各種可能性，一個階梯爬過一個階梯，從住院醫師到主治醫師，當了主治醫師之後又不滿足，買了一間大房子，又開始經營民宿，後來又去最偏遠的地方下鄉去當醫師，買了一台很好的相機，幻想自己是一個攝影家，閒暇的時候就出門拍照，開始在網路上發表作品，寫文章，直到出版成書。最後我又開始做起航海夢，跟朋友一起買了一艘帆船，變成一個水手。

我總是一個夢堆疊著一個夢，完成一個夢之後，又升起另外一個，我以追求擁有更多來達到滿足，覺得這樣才是幸福的人生。或許從表象看來，我的生活精彩而豐富，但是追求擁有更多來讓自己滿足卻是永遠都嫌不夠，一個願望滿足之後還會升起另一個，於是我決定要停止，以不滿足自己自身的欲望為滿足。但是這個需要修練，而且是有方法的，就是佛教的禪法；其中一個是數呼吸觀鼻息，叫作安那般若念。

於是我的朋友問我，你這樣壓抑你的欲望，有一天壓抑不住的時候，不就是會整個爆發，走向更慘的地步？我說：佛教的方法並不是要你壓抑你的欲望，是要消融你的欲望，讓欲望疏導之後慢慢消失，這就是「止」。

在修安那般若念的時候，心裡不能有其他的念頭，就是內心觀著鼻息的呼跟吸，每吐出一口氣的時候數一，從一數到十，然後一直反覆，當有其他的念頭想法出現的時候，就要覺察然後把這個念頭摒棄消除，久了之後就會達到一個身心比較安定無雜念的狀態，大概可以稱為統一心。

當你練習很久之後，不管是在打坐，或者是在下坐之後，那種「止」的習慣會一直持續，綿綿相續，每當升起了一個想法或是一個念頭，你都會多花一些時間去觀照，重新審視這樣的想法或是念頭是不是符合佛教所謂的正法或是正見。當你有了這樣的習慣，很多的欲望就會慢慢消融，願望越少反而會感到自在，甚至輕安還有快樂；到了這個時候，就不會以追求滿足一個又一個的欲望為喜樂，反而以少為多，以少為滿足。

但是要達到這樣的階段還是滿辛苦的，我每次打坐時腿都疼痛不已，為了克服疼痛的問題，我想起了以前疼痛控制的最高指導原則，叫作 pre-emptive analgesia，意思就是在疼痛發生之前，就要阻止疼痛發生；就好像《孫子兵法》說：不戰而屈人之兵是最高明的戰術。於是我第一次去打禪七的每一個早上，我都先吃一顆止痛藥，在打坐之前就先止痛，以降低疼痛發生的感覺，而不是等疼痛發生了之後再來吃止痛藥；我甚至還想過吃一些抗痙攣藥如 neu-rontin 之類的來降低腳麻的程度，這樣我就可以渡過禪七的苦。我運用醫學知識渡過禪修的苦，我把它稱為科學的禪坐法，但是我知道這是一種偷吃步，禪修的目的是要我們面對這些痛苦還有面對欲望，因為當我們面對苦難時，同時會升起想要逃離的欲望，師父說當我們面對痛苦的時候，不要排斥，要像一個第三者一樣遠遠地觀看這些苦；你只要一直看著這苦，這苦就會消失，痛苦消失，想要逃離的欲望也會消失，這就是在降服貪嗔痴三毒裡面的貪欲。故意讓自己受苦來降伏自己對肉身的貪欲，漸漸的這些痛苦跟貪欲都會消融，但是我沒有這樣的境界，所以只能藉助藥物的幫助來渡過諸多苦楚。

禪坐的方法有很多種，法鼓山的教法是眼睛半開半閉，看著前方四十五度角的地板，然後放鬆不要對焦，因為眼睛全開會有外緣的干擾，眼睛閉上容易昏沉睡著，所以眼睛閉上八分最好，好像現在的佛陀塑像，眼睛微張，悲憫笑看世間一般。

但是我不習慣眼睛半開半閉，我覺得我對光還是很敏感，所以我還是選擇閉上眼睛，然後盡量提醒自己不要昏沉睡著。有一天我覺得我眼前好像有光，那是一種很微弱的光，有時候是黃色的，有時候有點淡綠色，而且一閃一爍，一生一滅，當你升起想要看得更清楚的念頭，這光反而就消失了。

我問師父說，為什麼我閉上眼睛反而會看到光，而且有一次我甚至覺得我好像整個人都坐在光裡，當那種感覺出現的時候，我整個人都覺得輕安自在，那種打坐時的疼痛煩躁感整個都消失了。師父說，那是你專心的時候看到色界的光，不要理它，不去追求，不要分析，專心回到數呼吸就好。

當你去追求想要看到光、想要重溫那種輕安舒適的感覺，那光就不會出現，當你去分析那光從哪裡來，那光就會消失；只有專注不要理它的時候，光才會一直存在。師父說：光是一種禪相，你假如一直去追求光，你就會一直停在這個階段，也是一種貪戀，那你就不會進步，所以不要理它。

師父從來不說破看到光之後的下一個階段，又會看到什麼、經歷什麼，大概知道萬一他事先說了，我們在心裡留下了一個影子，就會去追求想要得到那個境界，越去追求反而越得不到；所以師父從不說禪修的過程中會有什麼體會，他要我們自己去體悟，大體出現追求的心也是妄念；禪修講究的是無我無相，凡是我要打坐、我要進步、我要開悟、我要……這樣的想法都是妄念，都是有我，「有我」根本就是通向地獄之路，所以要練習萬般皆放下。有一句話叫做「只管打坐」，就是指說什麼都不追求，就只是為了打坐而打坐，萬法無相。

於是我開始想用醫學的邏輯來解釋為什麼眼睛閉上了反而會看到光，我以為我腦部可能有一顆腫瘤或者是我有癲癇，導致腦部的細胞不正常的放電，最後傳導到大腦枕部的視覺區，大腦將這樣的電衝動誤解成是放光。但是我的大腦裡並沒有腫瘤，我也沒有癲癇，所以為什麼會有光？

人生的解答是什麼？最終該通向何方？《色戒》裡還有一個經典橋段，電影提出一個問題：「一滴水該如何才能不乾枯？」它提供的答案是：「流入大海……」一滴水是不是就是代表著個人的生命，乾枯象徵著個人生命的生滅，水不乾枯就是要流入大海，佛法就是大海無涯，唯有個人放下自我，消融自我，讓生命融入佛法之中，達到無我無相，才能超越生死。

師徒問答

今日能夠聽聞佛法，並不是一件偶然的事，是累世都有修行，過去世裡種下佛法的種子在現今發芽。延續病人的生命，減輕他的不舒服，那他在往後的時間裡，或許就有機緣可以聽聞佛法；在病人身上種下佛法的種子，在未來的某一世也可能就會發芽結果，這就是當醫師的意義。

師父知道我出離塵世的心甚深，回答我問題的時候格外慎重；我對人生諸多疑惑，問師父問題時多少帶有挑戰的意思，而每次師父的回答都把我打趴在地上。

我問說：「在山上參加禪二、禪三的時候，內心一片清靜，禪坐的功夫也大有進步，但是回到人間之後，沒辦法把山上禪修平靜的心延續到平常的生活，而人世生活諸多煩心，也沒辦法集中心神禪坐，為了解脫生死諸多疑惑，人是不是應該減少工作時間，常常去禪修才是？」

師父其實相當聰明，他知道我問這個問題其實是虛，繞了一個大圈子，我真正的問題是：面對生死，是不是應該出家成為專業的修行人，才能有成就？

師父摸了摸頭上的戒疤，回我說：「所謂出家並不是指說剃去髮鬚才叫出家，出家真正的意思是指出煩惱的家，人活在世上，還是有某些角色需要扮演、為了謀生需要工作。而禪宗其實非常講究勞動，你看歷代祖師大多在勞動中悟道，並不是在打坐中悟道，可見能不能開悟在於你的功夫，跟出不出家、有沒有勞動沒有關係。

「平常的時候，心不斷向外攀緣、抓取、變動，這是常態，所以心要練習收攝，必須先找一個所緣，所以打坐時練習『止』，心專於鼻尖，觀察呼吸，讓妄念慢慢消失，最後連數鼻息的念頭亦屬於多餘的念頭。」

師父：「身體要健康要動，心要健康要能靜。」

❖❖❖

另外一次，我跟師父說：「我覺得當醫師這個工作沒有什麼意義。」

師父臉色一沉：「你怎麼會這樣認為？」

主動脈：「以佛教的原理，對聖人而言，時間並不存在，但是對凡夫而言，時間是一個輪迴的無限圓圈圈，我減輕了病人的痛苦，延長他的壽命，二、三十年的時間，不過就是無限輪迴圓圈上的一個點，佛教講苦、空、無我，不需貪取執著，肉身終會衰敗，所以這樣的工作有何意義？」

師父：「你要明白，你今日能夠聽聞佛法，並不是一件偶然的事，是你累世都有修行，過去世裡種下佛法的種子在現今發芽。延續病人的生命，減輕他的不舒服，那他在往後的時間裡，或許就有機緣可以聽聞佛法；在病人身上種下佛法的種子，在未來的某一世也可能就會發芽結果，這怎麼會是沒有意義的事？」

我聽完之後，好像被雷打到一般，差點就要下跪。

師父說：「相同的事重複做就是輪迴。像你一天之內要吃三餐，就是輪迴三次，在精舍過午不食，只吃兩餐，也是至少輪迴了兩次。」

主動脈：「呦，雖然不想再輪迴，但是沒辦法不吃啊！」

師父：「你不會禪悅為食……」

❖
❖
❖

除夕的前一天，師父說煮了一些大補湯，叫我來精舍拿一些回去吃。我到精舍的時候，發現師父正在插花，我因而大吃一驚，因為平常佛前的供花，插得頗有職業水準，我一直以為是花店插好直送過來的，沒想到是師父自己插的。我因而讚嘆說：「師父！佛前的供花竟然是您自己插的，平常還要辦法會、渡眾生、主持精舍大小事，那麼多忙碌的事，竟然還能插花，這世間您還有什麼事情是不會做的？」

師父笑著說，以前大師父對他們非常嚴格，甚至連穿在身上的僧衣都是自己剪裁，自己縫的。

我因而讚嘆不已，接著師父竟然說：「我不會做的事叫作麻醉，所以出家渡眾生的事，我們來就可以了，你好好當醫師。你來到這個世間是有使命的，為了成就護持一切眾生，可以放慢自己修行的腳步。」

❖❖❖

一日早上四點就被叫醒，說有緊急剖腹產，母親宮縮的時候，胎兒已經幾乎沒有心跳，聽到這個消息，心想儘管第一時間拉進來剖腹產，這孩子恐怕已經是兇多吉少。

切開子宮之後，發現原來是臍帶繞頸，婦產科醫師快速地取出胎兒，剪斷臍帶，沒想到生下來之後只給了胎兒些許刺激跟換氣，孩子不但哭聲宏亮，臉色紅潤，既沒有壓胸，也完全不需要插管，更不需轉送加護病房，就是一個正常健康的孩子。心想以前醫療不發達的時候，這些孩子都必須死，現今母親蒙難，多受一刀，孩子就能活過來，這一切真覺得不可思議。

忙完之後，天已經微亮，就直接前去禪寺禮佛，那一天禪寺的屋簷上恰好有滿天霞光。

每日禮完佛要離開之際，師父會跟我說說話，偶爾會塞一顆橘子或小東西給我，說與你結緣，祝你闔家平安，還有你經手的病人也都平安。

得渡

母親曾經極力反對表哥出家，如今面對我的發願出家，表面上她淡然處之，實際上，近晚年的她也開始誦念經文，而這舉動竟只是源自於擔心我真的出家，然而，即使出發點不同，在某種程度上，我和母親之間，也算是得渡了。

一日，我發願出家，去中台禪寺找我出家的表哥。

他說：「能不能出家要看你的願力，願力有多大，路就可以走多遠，假如今生沒有辦法完成，那就來世。」

我同時告訴他，母親交代我替她表達懺悔。因為表哥是家族裡相當傑出的一位人物，當年要出家的時候，家族所有的人都反對，母親跟舅舅還因此寄了存證信函給中台禪寺，希望中台禪寺不要幫表哥剃渡。

為了顯示出家的決心，表哥因而遠走大陸，在那裡剃渡受戒，過了兩年之後才回來。母親說，後來她覺得阻止一個人出家，是斷了一個人的慧命，也斷了眾生的緣分，罪業重大，她終生都為此事懺悔。而且在大陸剃渡受戒，一定比在台灣更苦……

表哥笑笑叫我跟母親說不用罣礙，反正這件事她也沒有成功。

之後我們談到，表哥的父親前一陣子生病，肝癌，開了刀，做過幾次熱凝療法，現在每日都會去附近的禪寺做早課。

表哥說：「假如他沒出家，他的父親現在會去做早課嗎？」

我想想也是，《佛經》上說，一個人出家，九族的親人都會受到庇佑，假如表哥沒有以肉身印證佛法，現出家相，那我面對種種人生苦楚，也不會知道有念佛、念法、念僧這一條路；他的出家對我而言，並不是完全沒有啟發。

回去之後，我跟母親說想去出家，沒想到她也沒阻止我，就只是淡淡地說，我曾經阻止你的表哥出家，至今仍然後悔莫及，假如這是你要走的路，那我這次就不阻止你了。

於是我開始調整自己的作息，跟精舍一樣，吃素、念佛、誦經、禪坐，早上就去精舍做早課，然後上班，下午下班之後，晚上繼續讀經，假日的時候我就去精舍閉關，我不跟人來往，以前喜歡的事，諸如拍照、旅遊、登山、逛美術館等等，凡所有一切愛好俱捨，接著開始布施，把身上的錢捐給慈善機構，僅留下一些讓自己覺得有安全感的現金。我發現發願出家之後，很輕易就能拒絕種種人世的誘惑，當然我還是有人性諸多弱點，對人的情感還是覺得很難放下，但是至少我變得比較瞭解自己，更能面對自己；當這些欲望、弱點或是念頭出現的時候，我會察覺然後內觀、審視，每日的最終就是在佛前懺悔。

一日師父對我說，我長得一副清淨無染的模樣，是不是曾經動過出家的念頭？

師父說他第一次看到我來精舍的時候，就覺得我長得清淨無染，非常難得……第一次來精舍，就是我剛從中台禪寺回來，那時我出家的念頭最盛，師父一眼就看出來了；我覺得很不可思議，當一個人想做什麼事，是不是就會現出什麼相？

我母親原本一副雲淡風輕的模樣，但是她發現我越玩越真，反而逐漸擔心起來。

她開始改口說道，其實人間也是修練的道場，你早上去做早課，白天去醫院上班，拯救眾生苦難，是行菩薩道；晚上再回來做晚課。這樣也是一種修行的方式，並不需要出家。

其實師父也是這樣說……精舍的師父分成兩派，比較年輕的師父說：「一切都是因緣，因緣來的時候什麼都擋不住……」老一輩的師父就說：「出家要經過父母同意，你覺得你的父母會同意嗎？」

有一天我回母親家，發現母親正在念誦《普門品》。自從我開始拜佛之後，母親被我影響，也開始燒香供佛，但是在我的印象裡從來沒看過母親念經。雖然她說自己是佛教徒，偶爾會去做志工，但是對我而言，她只是民間信仰，見廟都拜，並沒有真正去瞭解佛教的核心價值；沒想到今天她竟然開始念經。

一個沒有念過經書的人竟然開始念經，我當然知道為什麼，因為她開始擔心我真的會出家，於是每日在佛前求佛保佑我平安，然後不要出家；而每日我在佛前求佛，有一日因緣到時，我可以出家，兩者形成一幅鮮明的對比。

雖然我們兩個的所求不同，但是至少我相信一件事，就是不管人生最終的結局是什麼，我是出家或是在家，在我跟母親相處的這個過程裡，我的母親某種程度上已經得渡。

眾生相

一早開始的寺裡，除了我以外，總有固定的幾位菩薩也會來，有的是路過進來參拜；有的是發願來寺裡打掃……看著人們來來去去，我想會來的眾生，心裡某種程度，都有渡脫不過去的苦吧！

慈善寺就這麼小，每天會來拜佛的人雖然都不認識，但是彼此都打過照面，固定的時間、固定會來的，就是那幾個人。

一般來說，我是最早到慈善寺的，幾乎山門一開我就會到，稍晚一點點是一位大約七十幾歲的阿伯，阿伯可能因為有一點年紀了，所以不方便跪下去，所以我拜佛的時候，他都是念咒語然後鞠躬；阿伯每天的拜懺大概要兩個小時，其實也是滿辛苦、滿有定力的。每天最早的大殿，就是我們兩個人。

接著會有一位老奶奶跟一個女孩，女孩會挽著老奶奶的手，天未亮的時候就會沿著禪寺前大街的柏油路散步，不曉得會走到哪裡，回程的時候會進來禪寺。要上大殿有很多階梯，奶奶大概膝蓋不好，所以不會上來大殿，她就是待在階梯的底端，雙手合十拜佛；女孩則是會爬上大殿，兩人一上一下，各自雙手合十祝禱，幾乎也都是每日不間斷，只有雨天的時候不會來。大概雨天沒辦法出門散步吧！女孩是奶奶的什麼人？是孫女還是女兒？雖然我們並不認識，但是那一幅畫面看起來相當溫馨。

接著大概八點多左右，會有一群中年婦女及老菩薩出現，開始幫忙打掃大殿。他們會這個時間出現，我猜應該就是家裡的事諸如早餐或是先生、孫子的事弄得差不多了，要出門買菜的同時，順便來禪寺燒香拜佛，有些會留下來幫忙打掃大殿。其中一位老菩薩，平日我拜完佛要去上班的時候，偶爾會遇到她剛好來燒香，所以我們會在門口彼此打照面，互道一聲阿彌陀佛。

今天我禪坐完之後，師父知道我還沒有吃早餐，給了我兩個饅頭。早上天氣極好，太陽曬得暖暖，我就坐在側廊的長板凳上，然後盤腿端坐，像一個出家人一樣開始吃早餐。這饅頭吃起來極甜，在口中化成軟軟的泥，耳後則是那一群老菩薩在整理大殿弄得鏗鏘鏗鏘的聲音。

有時候覺得醫師這個身分是一個包袱。佛陀說打掃禪寺有諸多功德，令自心清淨，令他心清淨，但是師父或是這群老菩薩們大概尊重我是醫師，所以平常也不讓我幫忙，久了之後，我今天也乾脆假裝沒看見，就理所當然地坐著吃早餐。而平日跟我打照面的老菩薩見到我盤腿坐在側廊，經過的時候竟然還特地停下來，立正對我鞠了一個躬，然後說阿彌陀佛；那個恭敬的感覺，就好像看到一個老和尚一般。

或許是因為師父都說我盤坐的樣子，端正莊嚴，累世一定做過大和尚，或者是《佛經》上說男生比女生多修五百世，所以在佛教的時間觀念上，我算是她的師兄，因為我多修了五百世；或者是她尊重我是醫師；或者是我在修練上做到了他們做不到的事，因為我拜佛禪坐，這都不是上了年紀的菩薩做得到的，所以她對我表示敬重。不過經典上說，不輕末學難，主要是說就算是比你年輕、比你晚入門修練的人，一開始看起來修練的程度可能比不上你，但是有時候有些人累世的修行，在這一世雖然開始得比較晚，卻是有可能比較早成道的，所以不能輕視末學；總之這個老菩薩相當厲害，她竟然能向我行禮，表示她心中的我慢已經降到極低了。

我也終於懂得我的表兄說修行要趁年輕，因為拜佛禪坐所耗損的體力，遠遠超過我的想像。像我這樣的中年男子，有時候都覺得筋疲力竭，而這些老菩薩年紀大了之後，肉身退化，已經不可能像我一樣禪坐跟拜佛，但是他們每日來禪寺出坡，功德無量，來世應該會變得更好，我相當敬重他們。他們或許已經在禪寺打掃了三、四十年，這毅力堅持不可思議，而我只是來拜佛三個多月而已。雖然我比較年輕，我的意志可以對肉身比較殘忍，可以做比較嚴酷的修練，但是假如不能堅持，沒有成就也只是枉然。

有另外一個師兄，他少了整條右手胳臂，偶爾也會看到他來拜佛，其實他應該也很常來，只是我遇不到。或許是因為少一隻手，不容易穿著很體面，你若看到他的裝扮，就會覺得他應該是社會底層販夫走卒之類的工人，看起來就是一個辛苦人。他用單手燒香，燒完香之後，依然會嘗試五體投地的拜佛；你可以想像少一隻手，想要跪下拜佛，頂禮承接佛足，是有多麼困難的事，腰部核心肌群應該要很強才有辦法，所以他拜佛的姿勢就沒辦法那麼標準；但是你看他那樣虔誠，少一隻手還掙扎著堅持跪下去的模樣，用一隻手撐著自己的體重，看了都熱淚盈眶，再回頭看看自己好手好腳，禮起佛來輕鬆如意，就會想說這條路一定要能堅持下去。

又有另外一個小姑娘，我猜年紀大概二十多歲，她也很常來，有時我要離開時會看到她跟師父在說話，有一次還坐在大殿誦經。有時候看到這些年輕人可以這麼早接觸佛教，覺得相當不可思議，他們到底是何因緣可以這麼慶幸，這麼早就接觸佛教；假如我在那個年紀就知道因果，知道節制攝心守戒，那我今日的成就應該更不可思議吧？

坐在禪寺裡看這些人們來去，其實相當有趣，眾生所為何來？所求為何？有何因緣來到這裡？是不是像我一樣，體會了佛陀所說的人生有諸多苦處，想在佛前找到解答？我想會來的眾生，心裡某種程度，都有渡脫不過去的苦吧！

那麼那些沒有來的人呢？他們是因為心裡飽滿，有所寄託，感覺得到力量，所以覺得不需要來，還是因緣未到所以還沒有前來；還是去了別的禪寺、家裡有小佛堂，可以在家參拜，或者是跟我以前一樣，不知因果？

渡

作為一位麻醫，入世就幫病人擺渡，假若能出世，就幫眾生擺渡。

一日，師父問長得一副清淨無染的我，是不是有出家的念頭？

我說，其實我十幾歲的時候就曾經想過這個問題。

師父又說，他第一眼看到我的時候，就覺得我長得清淨無染，現出家相，覺得經過社會職場的洗禮，還能現這種相，實在不容易。

但是其實師父不知道的是，在我決定開始修練之前，我酒喝得兇，過著匪類的生活，佛教五戒每戒都犯，後來我決定要用佛法來規範自己的行為，不曉得是不是拜佛之後，開始展現別種相貌；《佛經》上說拜佛的人最後會相貌莊嚴。

接著又說他看過我的文章，覺得我當醫師能夠慈悲，皈依之後也影響好幾個同事，帶了好幾個同事一起來拜佛。其實不只我的同事來拜佛，有一天我在大殿的東廂打坐，起坐時我看到西廂也坐著一個男子，年紀大概跟我相當；除了我之外，早上會在大殿禪坐的信眾很少，我因此多看了幾眼，結果師父說那是我的網友，從台北來出差，住在禪寺附近的民宿，一早也是來大殿參拜，今天已經是第二天了……沒想到我還真的影響了一些人。

我渡化最成功的是我一個同事。有一天他跟我說心不安，睡不著，常有惡夢。

我說跟我去拜佛。

他說他沒辦法，說那是因為我有佛緣，他沒有。

我說：「你沒試過，怎麼那麼有信心知道自己沒辦法？眾生皆有佛緣，只是等待時機，讓佛法的種子發芽。」

同事：「那麼早我爬不起來。」

我：「你上早班的時間比做早課的時間還早，怎麼爬得起來？上班爬得起來，早課就爬不起來？」

同事：「……（默默無語）」

一日見同事真的來拜佛。拜沒三十下，念兩遍《心經》，坐五分鐘就不行了。

問我說：「你怎麼那麼厲害，可以每天過這種生活，坐那麼久？」

我說：「累世修練，來到佛前的人都是有累世因緣的，你坐不住是因為你覺得你的人生還不夠苦，你的心不夠柔軟。」

又一日，他很高興的說：「我今天終於完成一百零八下拜佛了！！！」

我說，不錯不錯！可以接著再練習拜第二輪一百零八拜……

他兩眼翻白，應該是嚇死了……

我對他說：「接下來開始練習禪坐，法鼓山分會星期四晚上有禪坐共修。」

他問我一次坐多久，我說大概一個小時，他說他全身僵硬沒辦法坐那麼久……

我說你從來沒有開始，怎麼會柔軟……

結果晚上共修的時間一到，同事還真的來法鼓山分會練習禪坐。禪坐其實非常辛苦，對沒有禪坐基礎的人來說，實在是滿有勇氣的。

結果同事果然只坐十五分鐘就不行了，接下來就一直看手錶，好不容易終於熬了一個小時……

（在這之後，每個星期的禪坐課時間一到，朋友明明知道自己坐不住，都還是會來。）

我說：「精舍定期都會有佛法課程，廣師父跟昭慧法師上課的時候，給了我很大的力量。你也可以來上課，佛法是面對人生無常，諸多苦難的最後依靠……」

（朋友竟然真的乖乖來上課……）

有一天這個同事發了一封訊息給我，內容大概是寫他最近心境的轉變，還有求法的心得。看了之後，我相信他在求法的路上已經得到不退轉的心，就這樣隨順因緣，我竟然也渡了一個人到佛前。

作為一位麻醫，入世就幫病人擺渡，假若能出世，就幫眾生擺渡。

愛別離

人的弱點在對於種種喜歡的事物產生貪愛、執著跟貪取，而世間的種種執取並沒有辦法永遠，一旦中斷，就會產生痛苦。倘若我們能對一切事物停止產生新的習性反應，舊的習性反應也能慢慢消除，進而終能解脫。

關於人生、麻醉，我有很多的信仰，我稱之為麻醉的哲學。有人曾經問我：「為什麼要成為一個麻醉科醫師？」我回答：「因為我要在病人說話之前就讓他睡著，這樣這個世界就不會有悲傷。」

關於人與人之間，一旦說了話，開起了頭，便是建立了一個關係；而建立關係的最後都是要以悲傷為結局的，就好像病人一旦說了他們的故事，你就進入了他的人生、經歷了他的故事，跟著他們喜怒哀樂一起起伏，所以知道病人的故事一點都不有趣。假如他們都不說話，這世界是不是就永遠不會有悲傷？

在一段關係裡面，付出心意的人必須受苦，所以只要不說話，這個緣分就不會開啟。而禪七的修行裡面有一個規矩就是禁語，我覺得我這樣的信仰跟禁語類似，禁語的原因是為了收攝自己的心，不說話就不會向外攀緣，就不會造作口的惡業，也不會受到外界的干擾，這是保護自己心的一種方式；所以在禪七的期間，我只要七天七夜不講話，就可以練習帶著這樣的心回到娑婆世界，面對種種事物，我就可以輕易地轉過頭去。

但是我常常沒辦法轉過頭去，於是我不斷地選擇進入精舍。

禪七的前一天晚上進入禪堂時，師父說起進入禪堂的因緣，為什麼我們會在這裡？這個問題很難回答。我也常常問自己，為什麼這個時候我會在這裡？到底為了面對什麼？為了得到什麼？為了渡過什麼？為了瞭解什麼？這些問題都好難回答。

接著師父開始說起人生的種種苦楚，生、老、病、死、愛別離、怨憎會、求不得、五蘊熾盛，還有造成人生苦楚的理由跟原因；其中一個導致人輪迴生死的原因是十二因緣。十二因緣裡最後幾個是：觸、受、愛、取、有，翻成白話文的意思是：我接觸到了某些人事物，我對這些人事物升起了感受，因而產生了貪愛，有了貪愛我想要抓取更多，最後我想要永遠「擁有」這些，於是有了「有」，就會有失去，此有故彼有，此滅故彼滅，有與滅兩者互相依存，所以有生就有死，因而造成了輪迴的無限迴圈，這其中最重要的因素就是因為「愛」，有了「愛」，所以我們有了「抓取」。

接著師父說：生的苦我們大部分的人都忘了……

好像有點道理，胎兒娩出的過程要經過子宮收縮的壓迫跟產道的擠壓，想來就是很痛苦的事，所以一出生就哇哇大哭，生的過程並不快樂，也不喜悅；但是也沒有人記得這件事。

「老病死苦，終有一天每個人一定都會感受到。」這句話聽起來也是滿恐怖的。

「至於愛別離苦，假如你有養寵物，因為生活，你跟寵物之間就會建立一種關係；一隻寵物大概能陪你二十年，二十年後這個關係就會被中斷。人的弱點在於，對於種種喜歡的事物產生貪愛、執著跟貪取，而世間的種種執取並沒有辦法永遠，一旦中斷，就會產生痛苦。寵物的離去就會產生愛別離，更何況是親人的離去？相反的，另一方面，有貪愛就有討厭，人對於討厭的事物，心常無法平靜，所以產生瞋恚，有了瞋恚最後就有了怨憎會。」

接著師父說：「那愛別離苦該如何解決呢？不愛了，不愛了就不苦了嗎？」「不愛了不就不苦了……」師父說這句話的時候，我腦海裡突然浮現一個畫面：我就猶如禪光寺山頂的鐘樓，有人以鐘錘用力的撞擊了我一下，接著鐘聲劃破了晴空，師父擺一擺衣袖，揮手轉身離去。

留下我一個人呆若木雞，喃喃自語：不愛了就不苦了……

（同理，不怨了就沒有怨憎會。）

附記

這篇文章發表後，朋友 Athena 的回覆我覺得滿有道理的，所以附註於下，但是我想他所謂的更容易付出的愛已經是慈悲喜捨的概念、對眾生的悲憫大愛，而不是我們世俗所謂的小恩小愛了。

Athena：

因為對「感受」起「貪愛或嗔恨的反應」，產生執取，進而無限迴圈。

因此佛陀的開示教導我們，切斷十二因緣的切入點是「受」：在感受上做功，以平等平衡的心（equanimity），覺知感受生生滅滅的無常（anicca）本質，練習對感受不起貪愛或嗔恨的習性反應（Sankharas）。

停止了產生新的習性反應，舊的習性反應也能慢慢消除，進而終能解脫。

我的理解（和微薄的修行經驗）告訴我，並不是不愛就不苦了。懷著平等心去愛，了知一切乃至自身皆是無常的自然法則，就可以在春天的時候由衷欣賞眼前的美景，即使知道它終會消逝；苦寒之時，知道它亦不是永恆的，所以雖然能感受到苦痛，但不會 suffer。在這個過程中自我慢慢剝落，反而會產生更多的慈心（metta），更容易給出愛。

夢境

我一樣邊掃邊念掃去塵除去垢、掃去塵除去垢，就當我覺得我快要進入聖者周利槃陀伽的境界的時候，師父終於看不下去了……「誒！你掃地怎麼這樣掃……你在家裡是不是沒有做過家事……」一句話，將我從夢境打回人間。

在精舍裡面打掃是一個重要的修行工作，又叫做「出坡」或是「普請」，有普遍延請大家一起來幫忙勞動的意思。

禪七時早上用過早齋，大概會有一個多小時的打掃時間。打掃有諸多的功德，佛典記載，佛陀有一次看精舍的地面髒亂就拿起掃帚開始掃地，眾弟子看到佛陀在掃地，也跟著一起掃地，掃完地之後，佛陀解說掃地有五種功德：一、自心清淨，二、令他心清淨，三、諸天歡喜，四、集端正業，五、命終升天上。

自心清淨，掃地的過程同時掃除心中的我慢及塵垢。所謂掃地、掃地、掃心地，所以表面上是在打掃外界的塵垢，其實是掃除內心的煩惱；地板掃乾淨之後，他人看到莊嚴到場，自然內心心生喜悅，所以也令他心清淨，消除煩惱。環境打掃乾淨後，諸天看見清淨無染，便會歡喜前來護持，所以諸天歡喜；而若人內心清淨，消除我慢，調幅塵勞妄想，來世長相便會莊嚴，得正業果報，最後福德增長，命終上升天上。所以打掃道場，使之恢復清潔，不但護持佛法，也令大眾歡喜，有大功德。

更有一說，掃地是修行六度波羅蜜，布施、持戒、忍辱、精進、禪定、智慧。

掃地時消除我慢，捨除我執，大眾和合出坡維護精舍清潔，不只為了自己更是利他，所以是布施；出坡當下，身口意清淨，是為持戒；忍受掃地導致的身體的勞累是為忍辱；常常到精舍出坡，無有疲憊，就是精進；出坡當下，心無雜念，念念當下，沒有妄想，即是禪定；掃地時三輪體空，沒有掃地的人、沒有掃地這件事、沒有掃地的場所，就是智慧。

關於掃地的功德還有悟道，經典上還有聖者周利槃陀伽的故事。周利槃陀伽與哥哥一起出家，但是周利槃陀伽實在太笨了，不管哥哥教他什麼修行的方法，他都沒辦法記得，哥哥認為他無法悟道，所以就放棄了，認為他應該要還俗，周利槃陀伽因此在路邊哭泣。佛陀知道了這件事並沒有放棄周利槃陀伽，就叫他幫忙打掃，打掃的時候就念掃去塵除去垢、掃去塵除去垢；掃著掃著，有一天周利槃陀伽突然開悟，瞭解佛陀要他打掃不是要他掃去表面的灰塵，而是要掃去內心的煩惱塵埃，周利槃陀伽因此證得阿羅漢。

因為這個故事，我的師兄常說：精舍裡面最厲害的，都是掃地的，不然就是煮飯的。所以我特別愛在精舍掃地，尤其是大殿的前院有很多的落葉，我特別喜歡打掃那個區域，感覺好像打掃的時候有佛陀看著，或者是掃累了一抬頭就可以看到佛陀，所以每次要出坡的時候，我都暗自希望師父可以分配我去掃大殿前的院子。

但是精舍的出坡工作並不能選擇，選擇喜好逃避不喜好，基本上就是一種我執跟我慢，結果前三天我被分配到去打掃廁所。我從小命好，在家的時候很少做家事，更何況是掃廁所，民宿也都有打掃的阿姨幫忙，不過既然分配到了，也就要去，在這裡眾生平等，所有的工作都是大家輪流做，所以我就一邊刷馬桶一邊念「掃去塵除去垢」。

好不容易掃到第四天，師父總算叫我去掃院子，而且只叫我一個人去掃。前院有幾棵菩提樹，我記得秋天的時候滿地都是落葉，就算三個人去掃，一個小時還掃不完，這一次竟然只叫我一個人去掃，一定表示冬天葉子都落盡了。我到了前院之後，發現葉子果然沒幾片，一切都在我預料之中。

因為葉子沒幾片，所以我就很開心地慢慢掃，悠然地掃，悠哉地掃，悠遊地掃，我完全沉溺在自己的世界裡，掃了快一個小時都還沒掃完。我一樣邊掃邊念掃去塵除去垢、掃去塵除去垢，就當我覺得我快要進入聖者周利槃陀伽的境界的時候，師父終於看不下去了……

師父走過來說：「誒！你掃地怎麼這樣掃……你在家裡是不是沒有做過家事……」

呦……我在家裡是真的沒有做過家事……我突然從天上掉入凡間，從幻想的佛土落入現實，師父一句話就把我從周利槃陀伽掃地中悟道的夢境裡戳醒過來……

豪貴學道難

幸福不一定是一件好事，幸福的人不知道修行，
人生就是堪忍就好，不苦不樂……

師父：能像你一樣來拜佛的醫師真的很少。

主動脈：醫師怎麼會來拜佛？醫師過得可好了，怎麼會來拜佛？

師父：嗯！豪貴學道難。

《佛說四十二章經》裡面，第十二章曾經形容人生有二十種難處：貧窮布施難，豪貴學道難，棄命必死難，得睹佛經難，生值佛世難，忍色忍欲難，見好不求難，被辱不瞋難，有勢不臨難，觸事無心難，廣學博就難，除滅我慢難，不輕未學難，心行平等難，不說是非難，會善知識難，見性學道難，隨化渡人難，睹境不動難，善解方便難。

豪貴學道難。我的老師曾經告訴我，幸福不一定是一件好事，幸福的人不知道修行，人生就是堪忍就好，不苦不樂……我當時二十幾歲，老師已經在我的身上種下佛法的種子，但是當時我大概是因為年輕，還沒辦法體會老師的意思是什麼。

人之所以會開始想要修行，不外乎幾種理由，失去健康、父母往生、橫禍、家庭變故……等等諸多因素，因為這些衝擊變故，體會到人生的苦難與無常，才會開始反思人生的意義與歸處……而幾個月以前，我還不知因果，過著世俗以為無憂無慮的生活，喝幾千塊一瓶的紅酒、一瓶上萬元的威士忌、吃幾口就要好幾千元的和牛；一直到果報現前，我回顧自己的一生，完全沒有脫離佛陀所講的人生苦的範圍與本質，於是我決定要反轉我的人生，佛陀既然已經點出人生苦的本質，那佛陀那裡一定也有人生的解答。

我所有的朋友幾乎都跌破眼鏡，大概他們以為全世界的人都可能會去學習佛法，只有我不可能，因為我一向過著風流瀟灑的生活，但是現在的我卻是手戴著念珠，心裡誦念著阿彌陀佛，反覆地走在開刀房的中央走道，巡視病人的同時，把這個房間到那個房間的距離，當作經行，我吃素念佛禪坐做早課，把欲望降到最低，過著節制而清淨的生活。

不管我到哪一個禪寺參加活動，幾乎所有的參與者都是女眾，而且大多是有一定年齡的老菩薩，像我這般年輕的男子極少，大概是因為這樣的關係，站在人群裡，我很難不被注目。禪寺的師父對我極好，又加上我是醫師，願意這樣老實每天來禪寺拜佛的，更是難上加難，所以師父常給我諸多方便。

禪寺的大師父每次看到我，都會叫我道心千萬不可退轉，這樣有一天阿彌陀佛極樂世界，會開一朵蓮花，留一個位置給我，講到激動處，他有時候甚至會伸出他的手來，握著我的手……而自從我開始修練之後，我深知修練之路有多困難，要成為出家人要發多大的願，是多麼不容易的一件事，出家師父對我來說就像是聖人一樣，被他們握著手，就好比被佛陀摩頂一般殊勝。

一日大師父給了我一串念珠，說這是他珍藏的壓箱寶，是琥珀所做，現在給我，於是我手持著念珠，巡視病人的同時，從開刀房中央走道的這一頭走到那一頭時，我就念念彌陀當作經行。

斷愛

我很少放棄病人，對每一位病人，我總是抱著守護的心，期待他醒來、期待他康復離開。然而，在這鄉下醫院，我擁有的資源太少，有時卻不得不選擇放棄……在病人丟失了生命的同時，我也漸漸的丟失了我的心。

《雜阿含經》五六一卷：

有一婆羅門問阿難尊者說：為什麼要跟釋迦牟尼佛修梵行？

阿難回答：為斷。

再問：為斷什麼呢？

阿難回答：為了斷愛。

再問說：要以什麼來斷愛？

阿難回答：以欲斷愛。

我後來覺得人生就是一場斷愛的歷程。

幾天以前，高中同學打電話給我，問了幾個麻醉的問題，最後跟其他關心我的朋友一樣，不能免俗地問我怎麼轉變那麼大？我也只是簡單的回答：「時間到了。」

結果他接著說：「一般能轉變那麼大的，不是發生了什麼事，就是丟失了什麼人生很重要的東西……」

我後來想想，其實我朋友說的也沒錯；在當醫師這麼多年之後，我丟失了我的心。

幾年前我支援一家鄉下醫院，那種醫院小到超音波是二次大戰的時候留下來的，開刀房沒有 gas 機器（血氧儀），要抽血檢驗要外送到檢驗科。鄉下醫院效率很差，需要輸血時可能要一個小時才能拿到血。有次我們正在開一台刀，一個九十幾歲的老人骨折，手術要結束時，血壓突然變得很低，我本來以為是出血量太多，但是看了一下地板跟手術包布，並沒有流太多的血，我給了一些水分跟升壓藥，但是效果沒有太好；我以為是麻醉藥導致血管擴張，只要手術結束把麻醉藥關掉，血壓就會恢復。沒想到麻醉藥關掉之後，病人已經完全清醒過來，血壓還是只有六十到七十，我完全不知道病人發生了什麼事，只好把他轉送到加護病房。

正常的狀況下，我們都會把能處理的事處理完，等病人的血壓穩定之後，才會把病人轉到加護病房；假如病人不穩定，就把病人轉走，某種程度表示我們已經放棄了病人，只是為了避免病人死在手術室，因為死在手術台上是手術的大忌。轉送加護病房之後，病人才死亡，某種程度是為了向家屬表示手術已經完成，我們已經盡力了。

我很少放棄病人，但是那家醫院只有我一個麻醫，我完全得不到支援，也不知道病人怎麼了，我能得到的資源太少，不得不放棄那個病人。我把病人轉送到加護病房門口的時候，還特地停下來，讓家屬跟病人講幾句話，因為我怕病人一旦進加護病房之後，就再也沒有機會醒來，這可能就是他們最後一次說話……

經過這件事之後，我告訴自己，有一天我一定不要再過這種生活，我不想要再重複一次失去病人的感覺。守護一個你在乎的生命實在太累，這個工作沒辦法永遠。

我之所以選擇當一個痲醫，是因為沒辦法跟人類維持正常而穩定的關係，我那時候的想法就是要在病人講話之前，就讓他睡著，這樣我們就永遠不會有交集。但是等我升等主治醫師的時候，花東地區還很少有疼痛科醫師，大老闆要你去看疼痛門診，我也沒得選擇。

慢性疼痛的病人永遠都不會好，疼痛只能控制；所以只要時間一到，這些病人就會回診，假如到了該回診的時間他們沒有回診，就表示他們死了。

而每隔幾年，我的門診就會少一個人，我就知道他們走了。病人走了之後我並不知道我該為他們感到高興，還是感到悲傷；高興的是他們永遠不會再痛了，悲傷的是我的門診就多了一個空號，然後過一陣子又有新的病人加入。門診的門開了，門診的門關了，就好像心被打開了，心又碎了。

直到有一天，我決定不再看疼痛門診。因為病人都很依賴我，我違反了我人生的信仰，跟他們建立了長期而穩定的關係；我沒辦法再看著他們漸漸老去，接著死亡。建立長期穩定關係的後果，就是要以悲傷付出代價。

所以有時候，我們都不得不轉身離開，就好像愛情一樣……愛了就結束了。

師父有一次問我：你知道貪嗔痴三毒裡，哪一樣最難戒？師父說是貪，貪是造就生死流轉最大的原因，舉凡人生的一切，對自我肉身的愛戀、名利、權勢、愛情、親情……無一不是因為貪所造成的愛，導致對人生的執取、執著、有我、無明、看不清楚種種人生真實等諸多煩惱；假如能夠斷愛，某種程度也就得到解脫。

婆羅門問說：「以欲斷愛不就永遠沒完沒了，沒有盡頭沒有邊際？」

阿難回答：要斷愛，首先要生起一個「想要斷愛」的念頭，因為這個「想要」的念頭，所以才到精舍來修行，而到了精舍之後，這個「想要」的念頭不是就斷除止息了嗎？

所以以欲斷愛。

轉世

為了找尋人生的解答，我去參加了八關齋戒，閉關三天。原以為過午不食是對我最大的考驗，不料卻難在行禪坐禪。當三天課程結束，我不但是唯一完成課程的人，整個肉身也像是死過一次，有如轉世般。

我常常覺得，當一位醫師對我來說是一個處罰，因為我並不勇敢。

我在醫院的時候，每看過一個病人，當他們開了口，說了他們的種種苦楚，我就經歷了他們的人生。大部分我所寫出來的病人都死了，但是他們也從來都沒有離開過，直到有一天我的心已經滿了出來。

我決定開始尋找人生的解答，去禪寺受八關齋戒，閉關三天。

八關齋戒包括：戒殺、盜、淫、妄、酒、不著香花鬘、不香油塗身及不歌舞倡伎、不往觀聽、不坐臥高廣大床、不非時食。

所謂不非食時就是過午不食，過了日中正午之後到隔天早上只能喝水，不能吃任何食物。

我曾經嘗試過午不食。那時候我還三十幾歲，可能年輕，消耗熱量極大，加上我當時有嚴重的胃食道逆流，晚上不吃會餓到全身發軟，隔天早上會覺得胃酸酸的，好像胃要被自己的胃液消化掉一樣，沒多久就失敗了。

所以我以為這次閉關最嚴酷的考驗應該還是過午不食，沒想到結果超乎我的預料。

禪寺閉關生活就是早上四點起床，盥洗之後開始行禪一個小時，之後坐禪一個小時，然後一直延續交互蹲跳，中間就只有吃早餐、午餐、午休一個小時、傍晚禪師小參開示一個小時，其他的時間就是一直在行禪、坐禪。

我想說我平日都有練習坐禪，這種事應該難不倒我，何況每兩次禪坐中間，還可以行禪一個小時，活動筋骨，想說應該沒有那麼難。沒想到每天坐禪一個小時，跟一天坐禪七個小時，這中間的考驗簡直是天壤之別。我第一天的時候還能雙盤，先降魔座半小時，之後換吉祥座半小時彼此交叉互換，一整天之後我就已經筋疲力竭，全身痠痛。我當時還有點不解，禪坐明明就坐著沒動，肌肉應該都沒有運作，行禪也不過就是短短的距離，來回走走路，為何肌肉痠痛到好像跑了整場的馬拉松？

到第二天時，我已經沒辦法雙盤，只好改成單盤，而可以單盤的時間也越來越短，坐到後來，我整個人好像坐在針上，全身刺痛，甚至坐在火裡，好像被火焚燒一般……到了第三天，我連單盤都沒有辦法，只好改成散盤，我的雙腳好像因為神經壓迫，沿著淺腓神經（suprerficial peroneal nerve）產生神經痛，只要稍微碰一下就會感到痲痛，到第三天下午，我幾乎已經無法走路，必須要沿著牆角、撐著牆壁，才能一拐一拐地走，整個關節肌肉韌帶好像都被嚴重拉扯、分開，像被五馬分屍一般。

而原本以為過午不食，會餓到發軟昏厥的感覺則是完全沒有發生，因為這肉體還有精神上的折磨、壓迫，遠遠壓過了你飢餓的感官感受，所以完全不會餓。但是到了第三天下午，這種肉身還有精神的壓迫，讓我開始覺得頭昏、有一種肉身跟靈魂即將分離的感覺，我開始不斷地念誦阿彌陀佛，讓我的意識可以撐過這個考驗。

佛教講究因緣、還有依照個人天性稟賦漸次修行，所以師父從不強迫任何人修練要做到什麼程度，累了就可以自己消失一下，去寮房休息；只是我覺得我都已經來到精舍，所以就不願意躺下休息。

三天過後，我是唯一一個完成整個課程的人。要下山的時候，師父看到我說：禪修前三天最為痛苦，第四天之後，就會開始適應，身體會進入另一個新的狀態，從疲倦開始反轉，慢慢地感到輕鬆跟放下，甚至意識會進入清淨的境界。但是沒關係，身體會有記憶。以一個初學者、從來沒有參加過禪修的人而言，能做到這樣的程度已經很不容易，你這傢伙真的是玩真的……

我下山的時候，覺得好像死過一次，有肉身重新轉世的感覺……

瀕死

為什麼人要讓自己痛苦，我以為是要面對自己；面對自己的心、欲望、恐懼，還有種種生理的需求……等等。經過禪堂的訓練後，帶著禪心面對種種惱人痛苦的處境，你只要想：「這個有比在禪堂打坐痛苦嗎？」這世界就沒有過不去的苦。

第一批AZ疫苗進口到國內的時候，國內新冠疫情還沒有爆發，當時醫院沒多少人願意施打疫苗，為了發揮示範作用，醫院號召了一批主管，約二十多人先打。我因為是高風險科，所以被列在其中，當時我們沒有人知道打了疫苗之後會有副作用，當天晚上幾乎所有的一級主管都躺在床上發燒；有的人還形容好像被火車撞到，全身痠痛，必須吃四級管制藥才會好一點；隔天這二十幾個主管病懨懨的來上班，之後第二批打疫苗的醫療人員，才全面發兩顆普拿疼。我們這些示範先打的主管，反而先死在沙灘上，沒有普拿疼可吃。

當天晚上我發燒躺在床上，全身燥熱，想要爬起來喝水，卻沒有力氣爬起來，好像肉身跟靈魂要分開一樣。我當時興起一個念頭，想說也不過打一針疫苗就這麼難受，那人要往生的時候，意識跟身體要分開，不就比這時候更痛苦？所以我要練習帶著「正念往生」。典籍記載，古代的祖師大德不都是跟弟子說，時間到了，師父要先走了，然後就坐著圓寂？於是我覺得這一定是個考驗模擬往生的狀態，於是起來打坐。

結果坐著坐著，十分鐘後我就投降了，乖乖又躺下來，繼續數呼吸，然後迷迷糊糊就睡著了。隔天早上醒來就想說：唉！要在禪坐的狀態下帶著正念往生，怎麼那麼難啊！

之後我練習打坐，每每到了最後雙腳痠麻腫痛想要放腿的時候，就會告訴自己，死比這個還要痛苦；我只要這樣想，就不敢放腿，就可以再多撐幾分鐘。

為什麼人要讓自己痛苦，我以為是要面對自己；面對自己的心、欲望、恐懼，還有種種生理的需求……等等，師父曾經打趣說，經過禪堂的訓練，要帶著禪心回到娑婆世界，當你在娑婆世界面對種種惱人痛苦的處境，你只要想說，這個有比在禪堂打坐痛苦嗎？你只要這樣想，這世界就沒有過不去的苦。

我後來想想，也覺得師父說的挺有道理。禪堂的訓練是殘酷的，師父都說，為了接引眾生所以禪堂不會讓你太痛苦，但是這句話翻成白話文的意思就是禪堂也不會讓你太舒服；而且最主要的是每當你覺得已經上了一階，過了一個關卡，後頭總是還有更難更痛苦的挑戰等著你，於是你只能一階一階地往上爬，這過程簡直就是在克服自己的心魔。

所以禪坐到最後會通向情緒穩定，因為你面對種種痛苦窘境的時候，必須讓自己的心平靜；腰痠想要躺下的時候不能躺下，腳麻想要放腿的時候不能放腿，這其實就是面對自己的欲望的過程。讓自己躺下的欲望、放腿的欲望，讓自己身體的需求不被滿足，以不滿足自己的欲望為練習。

面對恐懼，有時候坐到最後，整個坐骨神經一直發麻，就算已經下座，這種麻痛仍然不會消失，這在醫學上已經快要符合神經痛的診斷。於是這一炷香坐完，休息一下，又要再坐下一炷香，有時候心理會升起一種恐懼：就是害怕下一炷香，會比這一炷香更痛；還有為什麼我會在這裡折磨自己，對自己那麼殘忍，躺在家裡的舒適圈不是很好嗎？甚至興起翻牆逃走的念頭。大抵人面對疼痛、面對不舒適的環境，就避而遠之；但是下一炷香的時間一到，板子一打，就又乖乖走回禪堂，這就是面對自己內心的恐懼。

有時候坐到最後猶如坐在火裡，坐在針上，這時候雙腳還糾纏在一起；面對不舒服、不能放腿的困境，就會心起瞋恚跟憤怒，這時候就要練習忍辱，要讓心回到呼吸，專注調整，這就是練習降伏自己的心跟情緒，讓心平靜，通向情緒穩定。

最後不能有妄念，禪坐的中間過程中，有段時間會進入一個很平靜的時期，這時候會有一種舒服舒適的感覺，攝身輕安，這時又不能起貪著留戀，要繼續專心數呼吸。舒適期很容易出現妄念，當每個念頭出現，都要把它抹去，所以有見佛殺佛、見魔殺魔的說法；不管是好的念頭或是壞的念頭，喜歡的或是不喜歡的，凡所有相都要摒棄。所以從禪堂出來，當念頭一旦出現的時候，其實就會習慣性地去分析，我怎麼有這樣的念頭，這個念頭是不是符合佛法的正念，是不是要停止這樣的念頭；這樣想就不容易衝動，可以平穩地做很多事，不被激怒也不激怒別人，基本上這就是保護自己的心，也保護眾生的心，也是慈悲，所以禪坐有諸多功德。

最後，超越生死。我以為禪坐的過程，可以分成三個時期：一開始上坐時的散亂期，這時候雜念很多；中間會經過一段比較專心的時期，我們稱為統一心，這時會感到心安舒適，念頭減少；最後進入疼痛腳麻的煩躁期，這時內心根本生死交戰，疼痛、煩躁跟對抗想要宣洩的心一直相續出現，不容易專心觀察呼吸。這三個時期就好比人一生的生老病死，從無知的幼年期，到壯年期，再到老年的病痛期，每一次的禪坐，就好像是經歷了一場生老病死的人生。所以我覺得禪修是以一種身體健康的狀態，去模擬瀕死的心，面對如病痛死亡一般的痛苦，走過猶如地獄的諸多折磨；當你都能平靜地渡過一切，就好像大大死去一番，你已經不再是過去的你，宛若胎兒新生，如此以全新的姿態，重新面對娑婆世界，心就能夠自由。

附記
師父回應逐字稿

那有關於死亡是不是痛苦？不一定，可是為什麼在經論中，乃至於一般的口語流傳，都是痛苦的多呢？因為痛苦令人印象深刻，尤其那些驚恐的畫面，嚎叫哭泣而死、眼睛睜大、死不瞑目。

那些驚駭的印象，在口耳流傳中，其實那是眾生內心的直覺，對於輪迴跟死亡，要有悚懼之智，就是要驚悚要恐懼，但是要智慧。所以我也可以講，在經論中也提到很多安詳往生的例子，比如說呢，有一個徒弟，在佛陀時代皈依三寶，供養布施，也禪修。到了他要臨終的時候，家裡的孩子知道父親平日健康時，就會請比丘、佛弟子定期來家裡誦經祝福他，那他在彌留中，比丘們在誦經，他就靜靜地聽，這個時候，他就看到四天王天，忉利天、夜魔天、兜率天，幾個天界的天神，或者開著馬車，或者抬著轎，要來接他去。諸天他可以看得到，因為他的心是專心在天人來接他的情境，那這些人在幫他誦經，看不到，所以他就講說：等一下等一下，先停下來。那他是在對要來接他的天神講，可是這些人以為說誦經要停下來。所以他小孩就去跟這些人講，誦經就停止了，他們也很尷尬，想說我們是來助念，卻被要求要等一下。所以你能想像嗎，人家請我們來助念，助念得很莊嚴，卻被說等一下等一下，所以只好鼻子摸一摸就走了。走了之後，助念聲停下來，他就問說：為什麼他們不誦經了？小孩說那你不是叫他們停下來？他說不是，是天神排隊要來接我，我是希望他們等一下，等他們誦完經，我再走。孩子說可是我們沒看到。他說：當然沒看到，那是我的好的業相，如果你們不相信的話，我就讓你們相信。所以他就用一個花環，然後他選擇到兜率天，他就把花環往上一丟，天神接住，所以花環就停留在空中，然後大家就相信了，他就欣然往生兜率天。

所以不用恐懼死亡，但是我們大家在禪堂中努力地奮鬥是好的，奮鬥到什麼時候呢？奮鬥到你不起瞋心之前，起瞋心趕快轉，因為你堪受不住，因為重點是，不是你坐在那邊動還是不動，如果你是升起放逸心，這是惡心所，而移動身體而放棄禪修，這是不好的。可是你如果能夠不理它，還是能用你很好的這個……因為要修到明法，大家慢慢修到明法，就可以看到自己的心，看到還並不代表解脫，你看到，你才知道如何排除不好的，然後接受好的。

遇到苦受，尤其強烈的苦受，最容易升起的就是與憂惱相應的瞋恚心，這是不好的心，這是一種不好的心理狀態。起的時候就告訴自己說，我的努力這是極限，你可以換腿，可以做一些讓自己的苦受降低，禪修不是嚴格，也不是放鬆，而是所有嚴格跟放鬆的規定跟作為，都是要讓你的心保持在安住。

佛法把心分成善跟不善，那為什麼在南傳佛教的經論裡面，它們不叫做善心而是叫做美心，為什麼是美麗的？為什麼是清淨的？因為有些是果報心，比如說我們的眼、耳、鼻、舌、身，就是果報，為什麼？我們的眼睛就只能夠看到紅橙黃綠藍靛紫，紫外線跟紅外線，這個之外我們看不到，我們的眼睛觸對，就是光和色塵，觸動到我們的眼睛色的時候，身體的受，就是果報啊，可是在這個果報的基礎上，我們要用善心，是無貪、無瞋、無痴的心，再來用道心，是信、進、念、定、慧的心，道心裡面有善再加上趨向於解脫的力量，所以我把它稱為道心。所以我們修行呢，如果以我們能理解的，就是修三身，色身、名身跟法身，我們現在是在增長法性身，所以修行不是嚴格，不是放鬆，不是不講話，也不是講話，是嚴格到對你的善心跟道心增長是好的，所以這些嚴格是好的，可是嚴格到讓你起了惡心，這個嚴格對你不但沒有幫助，而且變成會害你。

但是為什麼有一些人，好話講都講不聽，他一定要下地獄，下油鍋用油來炸？火界嘛，是不是？平常人家好好地勸你，你都不聽，所以你的身體的瞋惱，就一定要牛頭馬面，讓你下油鍋炸到你整個火的身心，得到一個能量的平衡，然後用石頭丟你，石頭的堅硬不就是地界？地界的最堅硬，然後風界把你吹得亂七八糟，所以地獄不就是地水火風的呈現，你的心中也會有影像出現，所以會看到難看的，為什麼說一切都是業相？所以只要我們能夠把握住這個的話，我們修道就會取其中道而行。

要證初果，有一個愚痴是沒有的，就是戒定起見？？？因為我們一般人都認為我只要守什麼戒，對自己是好的，可是在經典中也看到，有什麼守牛戒馬戒什麼的，那是沒有意義的，所以戒一定是要對我們的道有增上的戒才是好的，可是我們不知道啊，只好聽佛陀講，可是佛已經入滅了，已經把調整的靈活度放在僧團，放在大眾，大家不會用，所以到後來，伽葉尊者也只好就說，不然這樣，佛陀制的不用改，佛陀沒有制的我們也不再制了，為什麼？那也是為了對治大家放逸心，就亂開嘛！有些像緊箍咒把大家勒死，有些又鬆到讓大家放逸，所以世間要取其中道，真的不容易。

再來就是我們好好地禪修，死亡有另外一個天地，就是非常地安詳，非常地喜樂，而且放心。天神會來接你，尤其你如果多修慈心禪的話，整個天界、整個香味，不但你自己看到，連所有在旁邊的人都知道。所以死亡並不一定是恐懼的，但是我們一直鼓勵大家說死亡會很安詳，有些人就會說沒關係啦！我再怎麼作惡的話，反正會好死，也是自己想的。我們會感覺到世間流傳的死亡是恐怖的，死亡是痛苦的，但是這樣的觀念，如果能夠激勵起我們的恐懼之心，而有向道的智慧是好的，如果無意義的恐怖，那這樣是不好的。

那你說我如何得平衡呢？看睡覺，你在睡覺的時候能不能睡得好，因為我們人活著，一天是白天跟黑夜，就是叫做一生，叫做一期生命，所以一期生命的濃縮就是一天，所以我們白天多用功，到了晚上的時候，有些晚上睡下去的時候，禪修者睡下去的時候眼前一片光明，簡直就像沒有在睡覺，這時候他們的心是，有少分的禪心跟色界，還不到無色界，跟色界的淨色心相應，所以會一夜好眠，縱然作夢，也是一些影像磁碟重組，所以會見蓮花，見佛像，見光明。所以只要你晚上都睡得好，但是不要求好，不要去解夢，不要去給人家算三世因果。不要去理它，因為沒有這樣的功力的人，看到影像他也不會解，那與其這樣子，還不如我們自己每一步，踏實地修行這樣就好了。

所以我也非常感謝西醫，現在的癌症的痛苦跟臨終的痛苦，有安寧療護，作用就像禪定力幫我們止痛，但是止得了身體的痛，止不了心痛。心痛是畏懼死亡，畏懼失去，害怕不能再擁有，所以呢色身的痛解除之後，他就開始很多的憂惱，所以禪修就是至少在心念上要拔得頭籌，西方醫學的成就可以幫助我們，所以有些禪修者堅持不打麻藥，真的非常敬佩他，但是，這個方法不一定要每個人都學，人家不打麻藥正念地痛死，你不一定要學起來，沒有學也不要帶有慚愧感，最重要的就我們能不能夠在平常先未雨綢繆，吃止痛藥，你的色身不痛了，可是你感覺你的心滿昏沉、散亂、掉舉，你就要開始繼續練習，我相信這就是不苦不樂的中道，能夠讓你們平穩地向前。

再來就是說，以大乘佛法來講，禪修者是比較內斂的，比較自我潔淨的，這個非常好，因為世間要作亂的人太多，貪心還要掠奪世界，跟侵擾別人利益的人太多，所以禪修者不干擾世間，我們在一個地方好好地用功，那裡成為一個淨土，這個能量在世間是可以震動的，我們對對方還是有善意的。

但是如果我們升起更大的悲憫心的話，不但是苦難的人要幫助，罪惡的人也要幫助，幫助他最好的方法就是制止他為惡，因為他繼續為惡下去的話，他未來會到更不好的地方……如果禪修者說就是不理他，其實是姑息而且縱容的，有些發大心的大乘菩薩行者，他會走兩條路，一個是慈悲救濟苦難，還有一個是法律，彰顯正義，無論你是以大悲心來救助苦難，不要大悲心生起悲傷之心，無論你在彰顯正義的過程中，不要因為厭惡罪惡而生起瞋恚，還是要以捨之心以慈悲之心，來阻止罪惡，所以人間還是需要有大乘菩薩，禪修者，如果你的願力是走入人間的，那麼希望你權力越來越大，位置越來越高，因為位置高權力大，才能遏止底下為惡，所以你要當仁不讓，所以禪修是最好的自我淨化的基礎，它不是全部，我們以此互相勉勵。

所以死亡，你好好地練習，然後睡覺都睡得安穩，每一天每一天，你就知道未來你的死亡可能可以在禪悅中，選擇你自己要去的地方，不必然是不好的。

願

當你失去體力的時候，就要依靠你的心力，當你心力耗盡的時候，就要用你的願力，你的願力有多大，今生就可以走多遠，假如今世沒有辦法完成的願，那就來世。

《三藏法師傳》裡面描述，法師出高昌國，只要再翻過凌山就可以出西域，高昌國王為了幫助法師前去取經，給了法師二十年左右的資糧，同時剃渡了四個僧人成為法師的弟子，派了隨行官員一人與其他侍眾，總共約三十人，一同前往。

而不管《玄奘法師傳》，或是《大唐西域記》，對法師翻越凌山的險狀，就只有寥寥數句，完全沒有寫到玄奘法師當時的心理狀態……

「其山險峻，峻極於天，自開闢以來，冰雪所聚，積而為凌，春夏不解，凝沍汙漫，與雲連屬，仰之皚然，莫覩其際，其凌峰摧落橫路側者，或高百尺，或廣數丈，由是蹊徑崎嶇，登涉艱阻，加以風雪雜飛，雖複履重裘，不免寒戰，將欲眠食，復無燥處可停，唯知懸釜而炊，席冰而寢，七日之後方始出山，徒侶之中，凍死者，十有三四，牛馬逾甚。」

看完這一段，頗覺得不可思議，凌山終年積雪，就算穿著厚重的衣服跟鞋子也不免感到寒顫，煮飯睡覺的時候，完全找不到乾燥之處可以休息，只好把鍋子吊起來煮飯，躺在冰上睡覺，如此走了七天七夜才走出凌山，一路上凍死的人，十個裡面有三、四個，牛馬更是不計其數，玄奘法師的兩個弟子甚至在這個路途中死亡。

有時候很難想像，玄奘法師當時怎麼有辦法可以看著跟隨他的人一個接著一個死去，內心仍然可以毫不動搖的繼續往前，難道他內心都沒有想過假如他停止的話，這些人就不會死去？

我想起我在做麻醉的時候，每看到一個病人死去，內心就澎湃不已，每個月死亡病例檢討的時候，總是會浮出無數個想法，假如當初改變麻醉的方式，病人會不會就有不一樣的結果？一個人的內心到底要有多堅強，才能像玄奘法師一樣，可以踏著自己弟子的屍體一直前進？

而這些死去的人沒有名字，就好像師父說的，玄奘法師其實是經歷了好幾世才取經成功，而在他失敗的那幾次裡面，歷史並不會記載，我們都只會看到人成功的那一面；什麼樣的人才可以一再地投胎轉世，只為了求法。

於是我想起我曾經在佛前發願要出家，我去人資室拿離職單，過沒兩天我被院長約談，他給了我一本《靜思語》，叫我留下來行上人的法，我只好摸摸鼻子回去。又過了半年，我還是想要出家，結果第二次他們給了我一本《法華經》，六萬餘言七軸裝，我回去還真的看完了，看完之後我更想出家。第三次我再去人資室，他們給了我一瓶可樂……

我覺得我真的是很軟弱，我去了人資三次，竟然都被摸頭而返，跟玄奘法師比起來，法師為了求法可以性命相搏，但是我竟然如此輕易就被勸退，這到底是因緣未成熟，還是我內心其實還是有諸多軟弱跟恐懼？我開始審視自己的內心，我覺得皈依佛門最大的好處，就是可以誠實的面對自己，每當一天結束，念完《八十八佛洪名寶懺》，做完晚課，我就開始內觀自己的心，然後懺悔，今天身口意是否繼續造新的惡，每次內觀、懺悔完，都覺得身體好像變輕了；還是其實是「心」的重量變輕了，好像有某種語言無法描述的東西離開了自己的身體。或者那個東西可以稱之為「業」，是不是每一次的讀經、內觀、懺悔，都可以讓自身的「業」離開自己的「識」，然後就可以更清楚地望著佛的方向？

我只能說這條路艱苦難走，有著它的挑戰，而人的心起伏變動，出世跟入世的念頭彼此拉扯，尤其是師父每次說法，我都以為是故意說給我聽的，讓我後退好幾步。師父說：「禪修雖然是成佛唯一的路，但是有時候我們會因為一件事放慢成佛的腳步，那一件事就是利益眾生……讓人出世的是佛法，讓人入世的亦是佛法。」

不管如何，我一直依靠著佛，有時候我會覺得充滿力量，走得就快一些，有時候我又被勸退好幾步；儘管我退了幾步，但是我從來沒有移開望向佛陀的眼光。我想起師父說的：當你失去體力的時候，就要依靠你的心力，當你心力耗盡的時候，就要用你的願力，你的願力有多大，今生就可以走多遠，假如今世沒有辦法完成的願，那就來世。

那我今生或者是說我累世的願力，到底是有多大？

結跏趺坐

心不柔軟，身亦不會柔軟。結跏趺坐，經歷過椎心的痛，才能體會攝身輕安的境界。

結跏趺坐是佛門坐姿，雙腳交纏，一隻腳腳踝放在另一隻大腿上，雙足朝天，又稱雙盤，相傳佛陀悟道的時候以此坐姿悟道。

我曾經去法鼓山參加入門的禪修課程，當時師父教打坐，都是先教散盤或是單盤；當時不管怎麼嘗試，都無法雙盤。我大學的時候參加國術社，練過武術，社團的第一堂課就是拉筋，所以我的筋骨比一般人還要柔軟，關節可以拗出平常人做不到的角度，儘管如此，我還是無法雙盤；對於無法雙盤這件事，我頗覺得納悶。我曾經問過老師這件事，他說不完全是筋骨的問題，是你的心……心不柔軟的人，無法雙盤。

心不柔軟的人無法雙盤，我實在無法體會這件事。對一個學醫學的人來說，我一直以為所有的事都有一個科學可以解釋的理由，但是心這個東西實在太過抽象。

於是我想起有一個表哥在中台禪寺出家，我決定去拜訪他，請教幾個問題。我們坐著講話的時候，他就直接拉起腳，雙盤坐在椅子上，我垂足而坐。過了兩個小時之後，我已經快坐不住了，他還是坐得像一座鐘一樣安詳。

於是我問了他打坐的事，還有關於我無法雙盤的問題。他說你盤盤看，我教你，沒想到他一教我，我當下就會了。

我後來很想要知道他那樣的境界到底是怎麼一回事，要怎麼樣才能達到。《佛經》上說結跏趺坐有五個特點，可以攝身輕安、經久不倦、外道皆無、形象莊嚴、佛門正坐……如何才能攝身輕安？為了瞭解這一切，我每天早上都到精舍大殿結跏趺坐。

一開始練習雙盤的時候，兩隻腳的腳踝會感覺到被扭曲的疼痛，過了兩三分鐘之後，痛覺會慢慢消失，接下來會有一段無痛期，大概半個小時之後，又會進入另外一種痠麻腫痛的狀態。這時候心會有兩種感覺交替出現，一種介於身心寧靜跟猶如熱鍋上的螞蟻到處亂竄的感覺，這兩種感覺明明互相矛盾，卻又似乎同時存在；這時你很想要跳起來，以為跳起來就可以馬上解脫這種疼痛，但是交纏的雙腳讓你跳不起來，然後你又很想繼續坐下去，好像繼續坐下去就會衝破什麼關卡，進入另一個境界或是看到前面有光之類的意象，但是通常都沒辦法繼續坐下去。

最後雙腳要打開時，你根本無法動彈，沒辦法直接打開雙腳，必須用手輔助，才能搬開交纏麻痺的雙腳。而搬開雙腳的那一剎那，並不會馬上感到鬆一口氣，你又會感覺到一陣劇痛通過，像心被雷電打到一般；打開的雙腳一樣無法動彈，必須坐在地上一段時間之後，才有辦法站起來。

關於這種禪坐的酷刑，我內心充滿疑惑，就直接去問師父，我說：「結跏趺坐，根本就是一種自虐的行為，而且坐完之後四肢骨骸皆像要散去，痠痛不已，為何佛陀說可以攝身輕安，經久不倦？」

師父說：「你就去參加十天的禪修營，每天坐十個小時，到了最後一天，你就會明白，當風吹來時，你不會感到風吹過，你會覺得風穿越了你的身體，到時候你就會明白了。」

附記

後來我的同事曾經用醫學的觀點來解釋結跏趺坐的優點，他說：「雙腳盤坐時，下半身的血流會減少，增加回心的血流量，所以大部分的血液都會維持在中樞神經的循環，而打坐的時候，大腦什麼事都不想，可以降低耗氧量，於是供給增加，需求減少，反而可以讓腦部的細胞充分得到休息。」想來也頗有道理。

一口碗、一個蒲團、一條蓋腳巾

我們總是過著「需要」和「想要」多，「能要」和「該要」少的生活。然而，那些我們以為絕對必要的一切，事實上可能都是多餘的。

同事：主動脈醫師，我想要跟你去打禪七……

主動脈：好啊！你趕快跟師父報名。

同事：下個星期天氣預報有寒流要來，我準備了熱水袋、暖暖包、電熱毯、保暖的長襪；過午不食肌肉蛋白會流失，所以我準備了五穀粉、高蛋白；午餐後會昏沉想睡，所以要喝黑咖啡……還有我還準備了維他命……

主動脈：……你以為你是去參加救國團的活動嗎？到精舍去打禪七是為了體會出家人的生活，嚴格來說可以算是短期出家七日，但是你已經把半個家都帶到精舍了……

同事：但是我很怕冷啊！聽說會很冷……

主動脈：過去已滅、未來未至、當下即是，我們佛教徒雖然會為了未來在當下做最適當的準備，但是對於還沒發生的事，並不做過多的憂惱，你這樣子是把恐懼帶到未來。

同事：不然你覺得要準備什麼？

主動脈：準備一口碗、一個蒲團、一條蓋腳巾就夠了。

同事：……

到了第七日。

主動脈：你準備的那些東西，都有用到嗎？

同事：大部分的東西都沒有用到……。

主動脈：人維持生活所需要的東西是不是比想像中的還要少？

同事：是……

主動脈：一切唯心造，我們日常需要的很多念頭，其實都是心幻化出來的，當心覺得足夠的時候，一口碗、一個蒲團、一條蓋腳巾，念一句阿彌陀佛就可以生活了。

附記

師父對於禪修的時候該準備什麼東西，回答如下：

你們看太多眾生發生的事情，所以你會把那些最糟的跟所需要防備的都準備，但那是眾生的緣分跟果報，並不代表就是你。所以有時候我們會在醫學界看到，比如說擅長治肝癌的醫師，到後來他們得肝癌，他是肺癌權威的呢，他得肺癌，為什麼？其實它是一種能量頻率的震動之後，感應道交。

所以呢？準備不是不好的，它是在事件中出現的可能性，所以為什麼佛陀說緣起甚深。它可能出現，在你生命的經驗中的確有看到這件事情的發生，但是實際的觀察是，你永遠不要對未來做你所想像的跟慣性的預期，你永遠給這個果報的呈現一個改變的跟好的機會。你退出這個現場，你去看它的因緣果報，然後它們就會回到它原來的本質，而不是你加進去的擾動。

所以很高興的聽到雖然準備了一堆，到後來發現都用不上。的確人生的經歷充滿了驚奇，也可以說充滿了驚喜，所以我們遇到事情的時候，它就是兩層，我們過去到現在異熟果報的基礎上，用自己可能改變跟可能繼續習慣性運作輪迴的心。看你的心要往哪裡走，我們當然要道心增上，不可以是貪嗔痴的慣性之心，再去加重它的後果。

自由

以往的我，放假時不是在旅行拍照，就是在逛美術館。現在，我可以在一間四坪大的房間裡，整天誦經念佛，這看似枯燥無味的生活，對我來說並不無聊。其實我還是可以像以前一樣的生活，但是我現在已經覺得不需要。某種程度上，把肉身關起來，心最終卻會得到自由。

七月對佛教徒來說是一個盛大的月份。

朋友：我從來都不知道，原來七月有那麼多活動可以參加。

主動脈：對呀，而且今年特別累！因為疫情的關係，以前我們只要參加一個精舍的活動就可以了，但是現在很多精舍都提供線上共修，於是我們整整大半個月，共參加了四個精舍的活動。以前要同時跑去法鼓山傳燈院、安和寺、齋明寺參加活動根本不可能，現在只要在線上按一個 play，就可以無邊無際、想參加什麼就參加什麼。

於是大半個月，我們早上五點就已經坐在精舍大殿誦經，接著八點去上班，下班之後繼續誦經、禪坐，假日的時候則是整天都有活動，從三昧水懺、梁皇懺、三時繫念、地藏法會、焰口等等，幾乎所有的活動都參加過一輪……有的甚至兩輪……

朋友：你這樣的生活，真的差不多已經是出家人了。

主動脈：是啊！每天一睜開眼就是佛法，除了上班會跟人接觸之外，下班直到睡前也一直沐浴在佛法之中，最近剛好有一個朋友生病，所以就每天誦《藥師經》跟〈藥師咒〉迴向給他，除此之外，完全沒有其他外務。

朋友：其實你可以不用這樣過，你很有資格過很好的生活。

主動脈：你看我有像過得很不好的樣子嗎？當然禪修要面對很多挑戰，一般人看這些挑戰會覺得很辛苦，但是這苦是我自己找來受的，所以甘之如飴。受苦的目的是為了鍛鍊自己的心，當你的心越強壯，就可以超越種種苦楚，面對種種苦的情境反而覺得自在，就好像北極熊，難道北極熊會覺得北極冷嗎？

對於禪修者也是一樣，我自己的經驗是不管攝心、持戒或是禪坐，入門很難，一開始真的有夠苦，但是當你越過某個坎之後，反而覺得輕安，佛法通向的境地深邃奧妙，難以窺視全貌，你會更想要知道這條路一直走下去，到底可以通向何種境地，一有空閒的時候就只想要禪坐，什麼地方都不想去。

就好像我現在可以把自己關在一間四坪大的房間裡，整天誦經念佛，別人覺得枯燥無味的生活，對我來說並不無聊。以前放假的時候，我不是在旅遊拍照就是在逛美術館，總是從這個地方趕到另一個地方，假如不能出門，心就會感到煩躁，但是經過禪修的訓練之後，我現在什麼地方都不用去，心卻無限寬廣，其實我還是可以像以前一樣的生活，但是我現在已經覺得不需要。某種程度上，把肉身關起來，心最終卻會得到自由，這真的是一種很奇妙的感受，不曉得這是不是就是佛法所謂的自在。

主動脈：所以經典上說，一切唯心造。所有苦跟不苦的環境，都是心幻化出來的，而心是有方法可以訓練的，數息觀、慈心觀、白骨觀、不淨觀等等，有諸多禪法可以練心，經過練習的心在面對諸多情境時，就可以不起貪戀也不起瞋恚，就會感到自在。

其實對我來說，在遇到我之前，你只是一個慈悲的素食主義者，因為你不知道修練的禪法。而像我這樣擁有那麼多的人，都可以放下一切開始修練、過著這麼儉樸的生活，一定也讓你覺得，你其實也不曾擁有什麼，更沒有什麼好放不下的，更可以修行。

朋友：真的，在遇到你之前，我幾乎已經要放棄佛法了……

主動脈：這其實就是共修的力量。我雖然不喜歡團體的活動，但是越不喜歡的事，更要勉強自己去做，這過程基本上就是在消滅我執，面對不喜歡的事，依然不起煩惱跟瞋恚。所以現在我自己去參加這種大型的活動，都會觀照自己的心，提醒自己保持心的平靜，不討厭也不喜歡也不追求，三輪體空，入流亡所，盡量無所緣也不抓取……

師父說，寧可在大廟打瞌睡……大廟人多，一個帶一個，當你看到有人比你用功的時候，你自然就睡不著了……

第三部

攝心安身：心安，身自安

曾經是每分每秒都風光精采的醫者；
現下是時時刻刻念佛唯心的修行者，
這看似翻天覆地的改變，
其實也只是另一種活在當下。

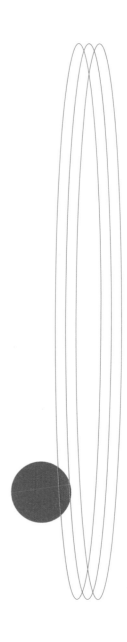

央掘魔羅

罪從心起將心懺，心若滅時罪亦亡，心亡罪滅兩俱空，是則名為真懺悔。

《增一阿含經三十八卷第六》。央掘魔羅，央掘（Anguli）是手指的意思，而魔羅（mala）是花環、花鬘的意思，央掘摩羅被翻譯成「指鬘（以很多手指做成之花鬘）」。

央掘魔羅本名「伽瞿」，為古印度波斯匿王相國的兒子，長相俊美聰慧，他幼時即從婆羅門學法，因為長相俊美，所以師母愛上了央掘魔羅，試圖勾引他，被央掘魔羅所拒，師母因而挑撥央掘魔羅跟師父之間的感情。師父故意欺騙他說：假如可以殺一千人，把這些人的手指做成項鍊，就可以升天，假如是用母親或是釋迦牟尼的骨骸，更可以升至梵天，所以伽瞿逢人便殺，因而得到央掘魔羅的稱號。

當他殺到第九百九十九人時，國王知道這件暴行準備出兵逮捕他，他的母親為了救他，便前去找他，於是央掘魔羅準備殺了他的母親。佛陀知道了這件事，知道他渡化的時機已經到了，準備化解這場兵災，便也來到他的面前。看到佛陀，央掘魔羅改變心意，決定殺死佛陀，於是佛陀在前面走，央掘魔羅在後面追，可是怎麼追都追不上。

央掘魔羅因而大喊：停下來！停下來！

佛陀轉身說：我早就停下來了，是你還沒有停下來……

央掘魔羅聽到這句話後大悟，從佛陀落髮出家，後來證得阿羅漢果。

朋友：我不相信這個故事。

主動脈：喔……這樣啊……為什麼呢？

朋友：殺人的人不受王法、沒受果報，反而證果，這根本完全不合佛法的因果論也不合邏輯。

我倒覺得這個故事挺啟發人心，讓人升起很多信念，第一是懺悔。當你真誠懺悔，不管你造了什麼業，連殺人這種重罪，而且是殺了九百九十九人的重罪，要受落入無間地獄的果報，都還能消滅，你不覺得佛法帶給人無限的光明跟希望嗎？《華嚴經》裡面說：罪從心起將心懺，心若滅時罪亦亡，心亡罪滅兩俱空，是則名為真懺悔。

只要能夠真實的懺悔，不管多麼重的罪跟業都會消失。再來是所有相皆是虛妄，不管是心或是業，甚至地獄也是人想出來的，〈覺林菩薩偈〉裡面不是說：「若人欲了之，三世一切佛，應觀法界性，一切唯心造。」

我記得好像還有另一個故事，我已經記不太清楚了，好像是一個比丘不守淨戒，死後落入地獄，地藏王菩薩為了救他，就教他這覺林菩薩四句偈。這比丘在地獄見到閻羅王，嚇得什麼生前的修行都不記得了，就只記得這四句偈，於是開始念誦：若人欲了之，三世一切佛，應觀法界性，一切唯心造……結果還沒念完，地獄的孤魂紛紛升天，已經空了一半，於是閻羅王就叫他說：你不要再念了，你也升天去吧……然後地獄就消失了。

所有相都是虛妄，假如一切唯心造，那關於罪、業、地獄不都是自己的心幻化出來的嗎？所以當心滅時罪就滅了，而如何滅心？真懺悔就能滅心。

朋友：這樣啊……

這個故事第二個讓人深思的地方在於：現世證果。

很多人都說不知道要修練多久才能解脫……三大阿僧祇劫才能成佛，這個落入了有時間的窠臼，而佛法是沒有時間的，《法華經》裡面也有龍女獻寶珠於佛陀的故事，馬上證果，示現證果如何快速，就好像手臂屈伸那樣的快。而且眾生修行的時候又假設了一件事，我從現在開始修練，還要再經過三大阿僧祇劫才能成佛；這個念頭其實也違法佛法的時間觀，佛法的時間不是直線，理論上今世能聽聞佛法的人，已於過去無量阿僧祇劫都能聽聞佛法，所以才能在這一世發芽、開花結果，都不是現在才開始修行。

主動脈：所以現在問題來了，假如殺了九百九十九人的央掘魔羅都能在當世證果，那你今世有沒有殺過人？

朋友：沒有耶……

「那你未來會不會殺人？」

「也不會耶……」

「既然你不會殺人，那你假如今世無法證得阿羅漢果，是你的問題還是佛法的問題？」

「這……」

「所以你要有一個概念，今世乃是最後一世……」

其實《阿含經》裡面最後還有解釋這個故事的因緣，央掘魔羅前世是一個王子，他這一生所殺的九百九十九人在前一世的時候，衝進王宮殺了央掘魔羅，所以他在死前發願要報復，但是他同時也發願遇見尊者得大解脫；所以假如央掘魔羅不停止的話，這你殺我、我殺你的業報就會進入永無止境的循環。

「所以你不覺得這個故事很鼓勵人嗎？說難不難，說易不易，只要『停止』，停止繼續造苦的因，造輪迴的因，最後就能當世解脫……」

心不能指揮

一般人都以為自己的心可以指揮，其實剛剛好相反，當你喜歡的時候，其實你並不能指揮自己的心去討厭，而當你討厭的時候，你也並不能指揮自己的心去喜歡。

禪七的時候，白天會坐六炷香，到晚上第七炷香的時候，是師父開示說法的時間。我很喜歡聽師父開示，師父說法的時候，那些故事總是能夠擊中我的心，就好像頭被棍子敲過一樣，突然醒過來。

那天他說了一個故事，主題是其實人並不能指揮自己的心。佛陀時代，有一個名妓，長得非常漂亮，所有的富人都願意一擲千金跟這個娼妓共渡一夜，所以這個名妓賺了非常非常多錢，而她賺了錢之後，便將所賺來的錢拿來供養出家僧人。

有一位僧人，知道這個名妓某天要供養僧眾，就前去讓她供養，沒想到這位僧人見到這個名妓之後動了凡心，回去之後，每天就一直想著下一次供養僧眾的時間，想要再見這個娼妓一面。

沒想到幾天之後這個娼妓死了，因為她太漂亮太迷人了，所以死後憑弔的富人絡繹不絕，甚至因此驚動了國王。而佛陀知道這位僧人動了凡心之後，便決定渡化這名僧人，於是佛陀便請國王暫時不要將這位娼妓下葬，幾天之後，佛陀帶著這位僧人前去看這位娼妓。

這位僧人並不知道娼妓已經死亡，見到她之後，因為屍體腐朽發爛，便嚇了一大跳，反而心生厭惡。幾天之前還讓人感到歡喜的肉身，幾天之後就讓人感到恐懼跟厭惡。

說完故事，師父說到他以前求學的時候，住在宿舍，有一次室友消失了好幾天，等到再次出現時，臉色非常難看，一直哭一直哭，說他養的貓死了，非常難過痛苦，過了好長一段時間才恢復過來。

一個寵物的死去就足以讓人這麼痛苦，有一天若自己的父母親人死去，可以想像痛苦一定只會加倍，但是在世間還有一種痛苦最為痛苦，其實比父母往生更痛苦，但我們常常忽略不以為意；就是有一天當我們自己要死去，靈魂跟肉身要分離的時候，那才是最痛苦。

接著師父又說，一般人都以為自己的心可以指揮，我喜歡這個，所以去追求這個，我討厭那個，所以選擇避開那個，我這樣就是可以指揮自己的心，順著自己的心意過活，遠離痛苦追求歡喜，這樣就能離苦得樂。

其實剛剛好相反，當你喜歡的時候，其實你並不能指揮自己的心去討厭，而當你討厭的時候，你也並不能指揮自己的心去喜歡。假如一個人的心真的可以指揮，那你在任何狀況下，隨時都可以指揮自己的心去喜歡或者去討厭，這樣才是自由自在的境界；但是根本辦不到。

師父說到這裡，我就好像被雷打到一樣。師父所說的一切，不就是在形容我們每一個人的人生嗎？我想起我人生中的貪，人生中的嗔，還有人生中的痴，我想起了一生裡所談過的諸多愛戀，當你貪心升起的時候，當你愛戀發生的時候，不管發生什麼事，你都只想去愛，覺得可以為了愛這件事，為之生為之死，不管發生什麼事、付出多大的代價，都沒辦法指揮跟阻止自己的心不去愛；而當你失去所愛的時候，又不管發生什麼事，你都沒辦法指揮自己的心不去悲傷、不去哭泣，所以心是不是真的不能指揮？

佛法之所以讓人那麼著迷，實在不是沒有原因的，這一切在兩千多年前，印度文字都還沒有發明時，佛陀就已經察覺而且說明了。關於人生所有的一切，已經發生的、未發生的、將發生的，似乎都沒有能脫離佛陀所講的範圍，而我今天得以聞法，也以肉身、以心印證了佛法、無常、還有心不能指揮。

地獄已空

不管是罪或者是業或者是地獄，是不是都是自己的心幻化出來的？假如沒有心是不是就沒有罪，也不會有地獄？

依照佛教的理論，世間一切都是由心幻化出來的，那地獄呢？

《地藏王菩薩本願經》裡面對於地獄有生動的描述，這部經典我看過一次之後，就不敢再看，主要是裡頭關於地獄的描述太過真實，讓人沒有勇氣看第二次。

因為要去參加地藏法會的關係，我不得不把經典拿出來讀第二次；看第二次又有不一樣的體會，裡頭雖然對地獄的描述非常真實恐怖，但是就像是在黑暗裡面，諸佛神力還是能給眾生看到光跟希望。

《華嚴經》裡面有一個故事，寫〈覺林菩薩偈〉的由來，後來〈覺林菩薩偈〉被放到《地藏王菩薩本願經》前。宋朝的時候，有一個僧人名叫釋僧俊，俗姓王，他出家後並不用功，沒做過什麼善事，不久之後生了一場病死了，沒想到死了三天之後，他竟然又甦醒過來，醒來之後不斷地哭泣懺悔。原來他將要死的時候夢見兩位冥官在追他，追到一座城門前，忽然看到一位僧人，僧人說我是地藏王菩薩，因為你在世時曾經摹畫我的形象，我今日特地來渡你。我教你一段四句偈，偈文如下：

若人欲了知，三世一切佛，應觀法界性，一切唯心造。

你若能念此偈，地獄之門就會關閉，能開通往淨土的道路。

說完，地藏王菩薩就消失了，兩位判官就把釋僧俊帶到閻羅王前。

閻羅王問說：你生前做過什麼功德？

釋僧俊回答說：我什麼功德都沒做，只記得一段四句偈。於是他開始念誦地藏王菩薩教他的四句偈，沒想到才念兩句，地獄裡受苦的眾生已經超渡了一大半。

於是閻羅王馬上說：拜託你別再念了。馬上放僧還陽。

釋僧俊才因此又活過來。

「一切唯心造」，所以不管是罪或者是業或者是地獄，是不是都是自己的心幻化出來的？假如沒有心是不是就沒有罪，也不會有地獄？所以《金剛經》才會說，凡所有相皆是虛妄。

《華嚴經》裡也有一句說：「罪從心起將心懺，心若滅時罪亦亡，心亡罪滅兩俱空，是則名為真懺悔。」

六祖大師《法寶壇經》中詳述「無相懺悔」：從前念、今念及後念，念念不被愚痴迷染，從前所有惡業愚迷等罪，悉皆懺悔，願一時銷滅，永不復起，罪業從心而起，所以從心下手，只要我們真懺悔，所造諸重罪都會消滅。

《地藏王菩薩本願經》裡面同時也描述了地藏王菩薩的願力，願意渡盡地獄眾生，地獄不空誓不成佛。

有一次老師問我：那這樣地藏王菩薩到底成佛了沒？

我回答說：成佛了啊！佛法無我無相，空有不二，地獄空與地獄不空，對於菩薩來說都是一樣的，所以地藏王菩薩已經成佛。

老師回答我說：不是，是地獄已經空了……

他說：凡夫的時間觀念是一直線的，所以我們有過去、現在、未來的錯覺，地藏王菩薩說地獄不空誓不成佛，我們就以為有一天當菩薩渡盡地獄眾生之後，他才要成佛。但是以佛教輪迴的時間觀而言，時間是一個圓，最後是一個點，甚至最後對覺悟者而言，根本沒有時間，所以地獄已經空了。

河邊賣水

每個人的人生多少都帶著不同的傷、種種疼痛、陰影與黑暗，有的過得去，有的過不去。

禪修的時候，一開場禪師都會問一個問題：「你為何而來到禪堂？」這個問題實在有夠難回答，因為我們都是有求而來。

假如讀過禪宗公案的話，大概就會知道這個問題充滿陷阱，不管你怎麼回答，都會被打。

禪宗認為本來無我，自性是佛，不假外求，只是眾生忘卻本我，所以不得解脫。再來是覺悟者的心態，所有順境逆境不起塵埃，都很自在，所以不再有求；因此若你回答為求法或求解脫而來，第一個就落入有我的圈套，第二個落入有求的圈套。基本上這個問題從有禪宗以來已經被討論了千年，應該很難再有嶄新的答案。

不知道怎麼回答，但還是要回答，我當然也只能很俗氣的但是誠實地答說：因為感受到佛法所謂人生苦的本質，來尋找答案。

接著師父開始解釋禪法還有修練的心態，師父說禪修練習的法門跟世間法其實不太一樣，我們在世間練習某一項技能，比如說彈琴、畫畫，都是為了擁有這個技術，都是有目的的，學習完成的時候是「得到」，但是禪修所有練習的法門，其實是為了放下；當你離開這裡的時候，你放下了多少，放掉了什麼？

接著師父又說了另一個故事，說有一次禪七的時候，到了第二天，有一個信眾就急著找師父小參，說：師父！我的腳已經痛了兩天了，該怎麼辦？

師父回答說：痛只有現在，沒有兩天……。

禪宗講究當下，過去的已經過去，不能追悔，未來的還未到來，不作多餘的空想，能把握的唯有當下。這個信眾找師父小參的時候，已經沒有在打坐，其實表示他的疼痛某種程度已經消失，但是他卻還糾結在疼痛，持續了兩天，表示他把過去經驗一直持續帶到現在；接著他又預測，因為過去兩天的經驗，所以他預測接下來的五天也會繼續疼痛。還沒發生的，他卻已經假設了，也不管未來是不是跟他所預設的一樣，因而就帶來了恐懼，急著找師父尋找解決的方法。

法師表面上是在說禪修所帶來的疼痛，但是我的內心卻好像被射中了一箭，這不就是在說我的人生嗎？佛法裡面常常形容家人之間的感情是一種纏縛。

我跟父母一向處得不好，我雖然感激他們對我的養育之恩，但是他們以愛為名的傷害，造成我一生對他們的怨懟，我也從來沒有讓這些過去；但是同時我也沒辦法不理他們，彼此劃清界線，這種感情就好像繩索彼此交互糾纏，怎麼解都解不開。

然後我又想起我談過的諸多愛戀，每一次愛了不管是我或是對方最後都遍體鱗傷；然後每一次，你以為結束之後這疼痛就會過去，事實卻是一直帶著這個傷走向未來，走入下一場愛戀，最終的結果也只是重複上一次的經驗；每一次的開始與結束，都可以為之生為之死，就像是輪迴生死一樣，如此輾轉重複了無數次……每個人的人生，多少都帶著不同的傷、種種疼痛、陰影與黑暗，有的過得去，有的過不去。就好像今天，儘管我已經一隻腳踏進山門，仍然有很多事放不下，止於現在，所以帶來苦惱。佛法總是能夠預測，可以解釋我們人生所發生的每一件事，佛法讓人無法反駁。

禪師接著又說第三個故事，有人問禪師：您教了四十年的禪，有什麼感想？

禪師回答：我沒教過禪，我只是在河邊賣水。

河邊賣水豈不是多此一舉？禪宗講究眾生都有佛性，只是迷失，就好像明明就已經到了河邊卻沒辦法發現河水，還必須買水；賣水的禪師就好像菩薩慈悲，接引眾生，看到眾生快要渴死了，還是要先舀水給眾生喝，再慢慢用方法指引眾生到河邊，就好像用佛法渡眾生一樣。

天上地下無如佛，每一次的禪修課程，我都好像中了好幾支箭，死過幾次，然後重生。我們都是需要擺渡的人，關於那些人生放不下的、想放下的，當你一腳踏入禪門，這個世界也就跟著都變了。

悲智究竟論

在佛陀的眼中，眾生都是一樣的，這叫做「等念冤親」，不管是冤家或是親人，佛陀悲憫眾生，等同視之，因緣到了就隨緣渡化眾生，沒有分別，完全利他；就好像父親對孩子一樣，所有的好處都是小孩先享用，在付出的時候都不求回報。

禪七的第三個晚上，師父講的是「悲智究竟論」，其實當師父講完這個故事之後，我還是不知道這個故事跟悲智究竟論有什麼關係。

他先講說一個父親常常出差，每次出差吃到好吃的東西，或是看到當地的名產，就會買回家給孩子吃。那當孩子在吃東西的時候，父親有沒有吃？

答案是沒有，父親只要看到孩子吃得滿足的樣子，就會感到同等的滿足。

之後師父又開始講另一個故事，說佛陀有一次出去化緣，遇到一個老爺爺，他的眼睛不太好，看到佛陀就說「我的兒子回來了」，於是就拉著佛陀的手回家，佛陀也真的就跟著他回家，還住了三個多月。這三個月佛陀到底做了什麼事？佛陀並不是住在老爺爺家扮演他的兒子，而是說法把老爺爺整個大家族的人，統統都渡成了阿羅漢；當所有的人都證果的時候，佛陀才說在過去世的某一生中，他真的是這位老爺爺的兒子。

那佛陀把整個家族的人都渡成了阿羅漢，是因為過去世這些人是佛陀的親人，所以才把他們渡成阿羅漢嗎？其實不是，是因為這些人的因緣到了。

接著師父說，對一般的眾生來說，因為貪嗔痴所以遠近親疏有別；對自己的親人特別好，什麼都可以給，不管親人做錯了什麼事都可以原諒，但是對外在的陌生人卻是漠然，什麼都捨不得給，陌生人做錯了事就可以無限放大那個錯誤。但是所有的眾生都是不斷地投胎轉世，這一世雖然是親人，下一世大家可能就是陌生人，而你現在所看到的陌生人，下一世可能就是彼此的親人……如此交替循環不已。所以在佛陀的眼中，眾生都是一樣的，這叫做「等念冤親」，不管是冤家或是親人，佛陀悲憫眾生，等同視之，因緣到了就隨緣渡化眾生，沒有分別，完全利他；就好像父親對孩子一樣，所有的好處都是小孩先享用，在付出的時候都不求回報。

師父講這個故事時，我又好像被雷打到一樣。其實禪七的每個晚上，只要師父一說法，我都好像被雷打到，於是我又想起人生中的每一個貪戀，談過的諸多戀愛，在每一次的愛戀裡，兩個人都曾經親密、曾經相愛，彼此就像是彼此的家人一樣，但是因為很多原因，生活慢慢失去熱情，有一天緣分盡了，彼此就變成彼此的陌生人……之後你又再遇見了下一個人，以為上一次會失敗，一定是遇到不對的人，這一次的相遇一定是上天賜與的靈魂伴侶，於是又再跳進去這個迴圈裡，又重新愛戀一次，於是這一個本來陌生的人，就又變成你的愛人，跟你親密如家人，如此緣起緣滅，輾轉分合，愛了不愛了，如此循環不已……

於是我突然間悟得生命中的每一次愛戀，都好像是在今世裡面的一輪死去、投胎、轉世，再死去又投胎再轉世，如此輪迴不已，親人變成陌生人，陌生人變成親人，如此反反覆覆。

佛陀總是能說中我人生中所有的遭遇，已發生、未發生、將發生；而且在我出生之前，佛陀就已經先說了。而我初聽聞佛法之時，卻總是無法體會，不能相信，非得用肉身應證；實際走過一遭之後，才知道人生無法脫離佛陀所說的範圍，就好像孫悟空一個翻身可以十萬八千里，卻也翻不出如來的手掌心。

當下即是

過去世的已經過去，無法重來，來世的還沒到來，真正能把握的只有當下，對修行者而言，沒有過去，沒有未來，只有當下即是。

聖嚴法師的紀錄片《本來面目》裡面描述，法師晚年生病的時候，弟子們希望他常住世間，祝他長命百歲，法師轉頭問他的侍者常寬法師：「師父長命百歲，好不好啊？」第一次常寬法師沒有回答。

又過了一陣子，聖嚴法師又問常寬法師：「師父長命百歲好不好啊？」這一次常寬法師想了一下，回答：「師父！不然這個問題我將來把它放到公案裡面去參好了……」

長命百歲在世俗人的眼裡，是福報的象徵，為什麼常寬法師不直接說好，這個問題為什麼難回答？其實在《法華經》裡面已經有了答案。

佛陀即將入滅，弟子請求佛陀不要入滅，說：以佛神力，可以肉身永遠不壞，為何佛陀要選擇入滅？佛陀回答說：假如佛陀肉身永遠不滅，那世人就不會愛慕佛陀。

就是因為佛陀選擇肉身入滅，產生了時間上的緊迫性，不然眾生一定覺得那就明日再去請法修行就好了，如此明日復明日，永遠都沒有開始修行的一天，所以長命百歲也是有類似的意味；生命越長說好不好說壞不壞，或許生命的過程遠比長短重要，死亡是生命最好的禮物，是一個警訊，教會我們要珍惜。

再來是對覺悟者而言，無我、無求；最後佛教的時間觀不是直線，對覺悟者而言甚至沒有時間。

長命百歲不但有我、有求、對肉身執著，甚至最後落入有時間的窠臼。

我有一個朋友說：佛經一開始都說，一時佛在哪裡哪裡說法……這一時到底是指哪一時……會不會就是現在，只是我們看不見也聽不到？

這樣的說法很符合佛教的時間觀，就好像電影《星際效應》（Interstellar）裡對時間的描述；時間空間都是可以重疊的，過去、現在、未來並不是一直線，而是可以扭曲的，扭曲成像一個四方體彼此重疊，可以無限自由的來去。電影裡也討論到另外一個星球，當重力值不一樣的時候，時間觀念就會不一樣，這個星球的一個小時，在地球已經過去了好幾十年，這不就也跟佛教說的時間觀一樣，兜率天過一天的時間，人間就過四百年。

師父有一次說法，說下一次有佛出世，是彌勒菩薩降生，還要再過五十六億年，在龍華菩提樹下成佛，三次說法，渡脫無數眾生。那我們不就還要輪迴五十六億年，才能得渡？而凡夫要修練成佛要三大阿僧祇劫，修練成阿羅漢要六十劫；光想這時間豈不是很可怕？好像解脫遙遙無期。

但是對於修行者而言，並不是要修行三大阿僧祇劫才能成佛，而是修行三世就可以成佛。為什麼？因為沒有時間！

修行者的時間概念只有過去、現在、未來三世，過去世的已經過去，無法重來，來世的還沒到來，所以不做不切實際的空想，真正能把握的只有當下，所以在今世當下修行無貪、無嗔、無痴，當這一世結束的時候，帶著今世修行的基礎，繼續到下一世去修練，直到成佛為止。於是到了來世時，原本的這一世就變成了過去，而原本的來世則變成今世；所以對修行者而言，沒有過去，沒有未來，只有當下即是。

既然只有當下即是，長命百歲是不是就沒有那麼重要了？但是基於人類的情感，或者是基於悲憫一切眾生的情感，修行者希望師父長命百歲，為眾生說法，就好像佛陀弟子捨不得佛陀肉身入滅一般；更甚者，有一次師父說，修練者求長壽的原因，並不是對死亡的恐懼，或是對肉身的眷戀，而是肉身是用來修行的，在悟道之前死去是一件可恥的事。

最後，我想起一個老師曾經問我的一個問題：對修行者而言，沒有時間，當下即是，那當上呢？當上又何如？

後記

麻醫要出家，以及來世的劇本

專職寫作者
王蘭芬

❖故事的開頭❖

「有時候會有人這樣形容，麻醉醫師的工作跟機師有點像。機師的工作是將旅客安全地送到下一個目的地，麻醉醫師則是將病人安全地護送到未來。」

第一次讀到《麻醉醫師靈魂所在的地方》自序〈自由〉時，我深深震動並感動了。這樣的開頭與常見的醫師文章有著不太一樣的氣氛，「我後來發現，我越欠越多。假如人生可以交換的話，我願意用餘生去換他們回來，把我欠的償還給他們。假如今生不夠還的話，那我就預支來世的壽命還給他們。假如還不夠的話，就再下一世，這樣我的心就會好過一點，但是苦的是，人生並不能交換。」

這是怎麼回事？

我邊讀邊在心裡尖叫，這位麻醉科醫師未免也太仁慈並且太痛苦了，他要如何繼續在這永無止盡的輪迴場域中，一次又一次地死去活來。

❖ 為什麼你要叫主動脈啊 ❖

寫出如此動人文章的，到底是怎樣一個男人？

書裡我解讀到的訊息大概是這樣的：在屏東赤貧家庭出生，然後還能考上醫科；大學期間他學習了武術、古琴、書法、賞畫與佛教，因為初戀女友為他朗誦了一篇名為〈花蓮比美國更遠〉的報紙文章，竟然就放棄留在大城市的機會，跑到花蓮當個小鎮醫師。出了開刀房與診間，他立刻戴上墨鏡、背起相機，開著敞篷車或帆船，利用難得的長假跑去東加王國潛進水裡「跳鯨」，追逐大翅鯨，並且把爸媽接到花蓮養老，開了兩間民宿。

神奇的人生。

好想能採訪到這個作者啊。

「為什麼你要叫主動脈啊？」終於能通話時，這是我的第一個問題。

他停了一下，然後用很開朗的語氣回答：「因為主動脈是離你的心最近的地方。」

認識主動脈後，知道了更多的故事。像是二〇二一年四月二日，發生了死傷極為慘重的太魯閣號事故，身在醫院作為第一線救護的他，在名為〈今夜適合飲酒〉的臉書文章裡寫道，「病人開始陸續到達急診室，其中一位女孩左手臂有一道深及見骨的撕裂傷，外科醫師想要幫她檢查傷口有沒有波及血管跟神經，女孩輕蹙著眉頭說：『先幫我止痛……』我請學妹幫她做臂叢神經阻斷，止痛後外科醫師就可以檢查傷口，打針的時候，那個女孩淡淡地說：『我後面的人都死了……』」

在醫院一大堆傷者與血與死亡之間，他說他很難想像事故現場的景象，「那一定是末世煉獄，修羅道場吧。」

主動脈就是這樣一位纖細溫暖的醫師。

除此之外，他還是個長相十分帥氣的男生。

❖ 於是我衝去花蓮 ❖

聊得太開心，便做起了把他的故事改編成影集的大夢，在我苦苦哀求下，他幫忙向醫院提出正式採訪申請。

那幾天參觀了醫院，被很友善地融進東部醫護的人際網絡中，見到了很多麻醉科醫生（提醒大家千萬不能稱呼他們『麻醉師』）、麻醉專科護理師（原來要經過考試才能當）、各種外科醫師、教授醫師、兼有行政職的醫師，去了他們下班後常去的餐廳跟酒吧（好多店使用醫院汰換下來的無影手術燈），聽了好多醫學笑話，例如，「麻醉科其實是兩個科，白天是麻科，晚上是醉科，白天麻病人，晚上醉自己。」

花蓮行的最後一天，訂了鬧鐘五點多起床，請飯店幫我叫計程車坐到市區的某個精舍，因為麻醫說他每天都在那裡做早課，我想去親眼看看。

❖ 清晨山腳大雄寶殿打坐的麻醫 ❖

走了一小段階梯，終於登上大雄寶殿前廊，跟門邊的法師點點頭，走了進去，抬頭看著殿上供奉的釋迦牟尼佛、阿彌陀佛跟藥師佛，法相莊嚴，面露慈悲。

殿下僅一人打坐，高大的男子，腳雙盤，背筆挺，肩上及腿上披著薄毯。

那正是主動脈，他結跏趺坐，摒念參禪，模樣安詳，完全不是我所熟悉嘻笑怒罵的那個人。所以後來讀到這本《心安的練習》，他寫打坐時身體多麼多麼痛苦，真是難以跟我所曾見到的寧靜畫面連結起來。

約莫半小時後，他的手機發出震動聲，應該是設定的時間到了，麻醫好像突然被傳送的時空旅行者那樣回過神來，伸手按了一下手機，然後轉轉脖子跟肩膀，拿下薄毯站起身子，他收拾蒲團時終於注意到我，說：「喔，妳怎麼來了？」

我們一起走到大門前，他指指左方，路的盡頭就是近到不可思議的中央山脈，「只有在東部可以看到這種景象啊，所以我永遠不會離開花蓮。」

「你是認真要出家嗎？」

「當然。」

「為什麼要這樣做啊？」乾脆打破砂鍋問到底：「你不是什麼都有了嗎？」

「就覺得一切都剛剛好，時候到了。」他說：「大家跟妳一樣，很難想像過去這麼愛玩愛美食的我會開始吃素，去打禪七。我依舊很開朗，只是人的內心都有很悲傷的一塊，最軟弱的一塊，但這個不能讓病人甚至親人朋友看見，我們必須很堅強。在佛教來講這是有因果的，醫學的判斷、人生的判斷有時是一種選擇，我會假設如果當時我做了另一個選擇，是不是結果就不一樣，是不是我因此欠了大家什麼，要如何彌補這樣的愧疚。」

又過一段時間，主動脈在臉書上提到，最近醫院高層常找他喝咖啡。

❖離開工作了十七年的開刀房❖

「天吶，為什麼？」連忙打電話：「難道你要離開醫院？」

「對呀，已經講了一年半了，每次都有某些理由把我留下，但這次好像因緣俱足了。」

「所以你離開醫院的目的是什麼？」

「修行啊，」他說：「我的理想生活是，禮拜、掃地、讀經，然後接到電話有急診刀的時候，就跟佛陀及師父告假，下山來麻兩台刀，師父說：『為了利益眾生，可以暫時捨下成佛的腳步……』然後我且走且丟，如此過著半醫半僧的生活，直到有一天我完全成為一位僧人，或者是我證明了自己沒辦法成為一位僧人，到那時我就算回到娑婆世界，帶著佛教的訓練跟戒律，我也更能夠坦然、自在地面對一切。」

重要的是最後一句：

「不管最後的結果如何，我都不會後悔。」

但其實家人，甚至師父都不贊成他這麼年輕就出家。

非常喜歡〈師徒問答〉這篇裡面師父說的話，也都是可以照樣搬進連續劇裡的精彩。

他說：「所謂出家並不是指剃去髮鬚才叫出家，出家真正的意思是指出煩惱的家，人活在世上，還是有某些角色需要扮演，為了謀生需要工作，而禪宗其實非常講究勞動，你看歷代祖師大多在勞動中悟道，並不是在打坐中悟道，可見能不能開悟在於你的功夫，跟出不出家，有沒有勞動沒有關係……」

主動脈寫：「我因而讚嘆不已，接著師父竟然說：『我不會做的事叫作麻醉，所以出家度眾生的事，我們來就可以了，你好好當醫生，你來到這個世間是有使命的，為了成就護持一切眾生，可以放慢自己修行的腳步。』」

❖簡直像讀完村上春樹❖

原本以為主動脈之前寫的《麻醉科醫師的憂鬱》跟《麻醉科醫師靈魂所在的地方》才適合改編成劇本，但在看過《心安的練習》後，我的心竟得到前所未有的平靜並充滿了畫面。

簡直是每次讀完村上春樹小說的狀態，靈魂深深地、深深地得到了安慰。

如果前面兩本各是一條風景優美卻寬廣到難以渡過的大河，《心安的練習》則正是主動脈以他的生命築起的一座安穩堅固橋梁，帶著讀者不必經歷肉體痛苦便能渡河，覺悟地哭、幸福地笑，並親眼得見地獄已空之處。

麻醫內心擁有一個龐大精緻的世界，藉由他的書，或是我不斷的訪談，大家能觸碰的或許只是那個世界某個美麗的角落，而無法一次取得全部面貌。

衷心期待他一本一本寫下去，繼續展現他豐富精神內涵與比戲劇更戲劇的真實人生，目前，我夢想中的《麻醫要出家》第一季劇本，好像只能暫時結局於「要出家」階段。

「你等我兩年，我一定會寫出很厲害的劇本。」浮誇阿芬就是我。

「我以為所謂等待都是以五百年為單位，」他笑得十分寬諒：「我可以等妳五百零二年。」

主動脈說過：「做為一位麻醫，入世就幫病人擺渡，假若能出世就幫眾生擺渡。」會不會我寫這個劇本，正是為了償還前世麻醫對我的擺渡之恩呢。（早知道那時把船費繳清現在就不用這麼寫這麼辛苦，毆！）

至於麻醫到底會不會出家？

師父是這樣對他說的：「你的願力有多大，路就可以走多遠，假如這一世不能完成，那就下一世。」

哎呀，如果必須等到來世才會有答案，只好敬請各位觀眾，下輩子記得收看《麻醫要出家》第二季喔。

生命講堂

心安的練習：一位麻醉醫師的人間修行

2022年12月初版　　定價：新臺幣350元
2023年11月初版第三刷

著者	主動脈
攝影	主動脈
文字編輯	何錦雲
叢書主編	林芳瑜
整體設計	吳郁嫻

出版者	聯經出版事業股份有限公司
地址	新北市汐止區大同路一段369號1樓
叢書主編電話	(02)86925588轉5318
台北聯經書房	台北市新生南路三段94號
電話	(02)23620308
郵政劃撥帳戶	第0100559-3號
郵撥電話	(02)23620308
印刷者	文聯彩色製版有限公司
總經銷	聯合發行股份有限公司
發行所	新北市新店區寶橋路235巷6弄6號2樓
電話	(02)29178022

副總編輯	陳逸華
總編輯	涂豐恩
總經理	陳芝宇
社長	羅國俊
發行人	林載爵

行政院新聞局出版事業登記證局版臺業字第0130號

本書如有缺頁，破損，倒裝請寄回台北聯經書房更換。　ISBN 978-957-08-6648-3 (平裝)
聯經網址：www.linkingbooks.com.tw
電子信箱：linking@udngroup.com

國家圖書館出版品預行編目資料

心安的練習：一位麻醉醫師的人間修行/主動脈著・攝影．
初版．新北市．聯經．2022年12月．264面．14.8×21公分（生命講堂）
ISBN 978-957-08-6648-3（平裝）
[2023年11月初版第三刷]

1.CST：佛教修持 2.CST：人生哲學

225.87 111018312